Bibliografische Information der Deutschen Nationalbibliothek:

Die Deutsche Nationalbibliothek verzeichnet diese Publikation in der Deutschen Nationalbibliografie; detaillierte bibliografische Daten sind im Internet über http://dnb.d-nb.de abrufbar.

Impressum:

Lektorat: Bettina Breitenberger

Copyright © 2015 ScienceFactory

Ein Imprint der GRIN Verlags GmbH

Druck und Bindung: Books on Demand GmbH, Norderstedt, Germany

Coverbild: pixabay.com

Vom Kind zum Erwachsenen

Die Entwicklungsphasen des Menschen nach Erik H. Erikson

Inhalt

Das Stufenmodell von Erik H. Erikson 6
    1. Einleitung 7
    2. Das Stufenmodell 8
    3. Diagramm des Stufenmodells 27
    4. Fazit 29
    5. Literaturverzeichnis 31

Die Entwicklung der Identität 32
    1. Einleitende Grundgedanken 33
    2. Die Entwicklung der Identität nach Erik H. Erikson 35
    3. Die Entwicklung der Identität nach George Herbert Mead 48
    4. Fazit 53
    5. Literaturverzeichnis 56

Erik H. Erikson – Die menschliche Stärke und der Zyklus der Generationen 58
    1. Einleitung 59
    2. Die menschlichen Tugenden 62
    3. Ethik in der Wechselwirkung der Generationen 68
    4. Literaturverzeichnis 70

Die Bedeutung von Gruppen in den verschiedenen Lebensphasen 72
    1. Einleitung 73
    2. Theorie der psychosozialen Entwicklung nach Erik H. Erikson 74
    3. Die Bedeutung von Gruppen in den verschiedenen Lebensphasen 81
    4. Literatur: 97

Einzelbände 99

Das Stufenmodell von Erik H. Erikson

Von Stephanie Scheck

2005

1. Einleitung

Erik H Erikson (1902 – 1994) ist ohne Zweifel einer der herausragendsten Psychoanalytiker des letzen Jahrhunderts. Der gebürtige Däne und spätere US-Amerikaner entwickelte die Phasentheorie Sigmund Freuds um die psychosozialen Aspekte und die Entwicklungsphasen des Erwachsenenalters weiter.

Er geht davon aus, dass der Mensch im Laufe seines Lebens acht Entwicklungsphasen durchläuft, die in einem inneren Entwicklungsplan angelegt sind.

Auf jeder Stufe ist die Lösung der relevanten Krise in Form der Integration von gegensätzlichen Polen, welche die Entwicklungsaufgaben darstellen, erforderlich, deren erfolgreiche Bearbeitung wiederum für die folgenden Phasen von Bedeutung ist.

Die Krise ist bei Erikson kein negativ geprägter Begriff, sondern ein Zustand, der konstruktiv gelöst zu einer Weiterentwicklung führt und die Lösungen dieser integriert und in das eigene Selbstbild aufnimmt.

"Jede Komponente kommt zu ihrer Aszendenz, trifft auf ihre Krise und findet gegen Ende des erwähnten Stadiums ihre endgültige Lösung (…). Alle existieren am Anfang in irgendeiner Form."[1]

Die menschliche Entwicklung ist somit ein Prozess, der zwischen Stufen, Krisen und dem neuen Gleichgewicht wechselt, um immer reifere Stadien zu erreichen.

Ausführlich untersuchte Erikson die Möglichkeiten der Weiterentwicklung des Individuums und die affektiven Kräfte, die es handeln lassen. Besonders deutlich werden sie an den acht psychosozialen Phasen, die nun im Zentrum dieser Arbeit stehen sollen. Sie veranschaulichen, dass Erikson Entwicklung vor allem als eins betrachtet hat: als lebenslangen Prozess.

---

[1] ERIKSON, Jugend, S.94

2. Das Stufenmodell

2.1 Ur-Vertrauen gegen Ur-Misstrauen

Der Zustand des Kindes in dieser Lebensphase ist charakterisiert durch das Trauma der Geburt. Das Kind wird schockartig aus der gewohnten Umgebung gerissen und die Bindung zur Mutter wird umgestaltet.

Das Gefühl des Ur-Vertrauens, definiert als ein "Gefühl des Sich-Verlassen-Dürfens"[2], entwickelt sich in dieser ersten Lebensphase, dem ersten Lebensjahr, in der so genannten oralen Phase[3] (Freud), und ist, so Erikson, "der Eckstein der gesunden Persönlichkeit"[4].

Das Kind erlernt die einfachste und früheste Verhaltensweise: das "Nehmen", und zwar nicht in seinem negativen Sinne des ungefragten oder gewaltsamen Nehmens, sondern im Sinne des Nehmens eines Angebotes[5].

Die soziale Bezugsperson ist die Mutter, die durch das Reichen der Brust nicht nur die elementaren Grundbedürfnisse des Kindes, wie Essen und Trinken, stillt, sondern ihm somit auch eine orale Befriedigung verschafft. Sie übernimmt die Funktion des Versorgers, auf den sich das Kind verlassen kann.

Das Vertrauen erschöpft sich aber nicht nur in der Person der Mutter, sondern es bezieht sich, so Erikson, auch auf den Säugling selbst. "Unter "Vertrauen" verstehe ich sowohl ein wesenhaftes Zutrauen zu anderen als auch ein fundamentales Gefühl der eigenen Vertrauenswürdigkeit"[6].

"Hier bildet sich die Grundlage des Identitätsgefühls, das später zu dem komplexen Gefühl wird, "in Ordnung zu sein", man selbst zu sein..."[7]

Dieses Urvertrauen zu sich und anderen bildet die Basis für jegliche spätere Entwicklung und ist somit kein Zustand der überwunden werden muss, sondern etwas, was immer erhalten bleibt und unterschwellig mitschwingt.

In der zweiten Hälfte des ersten Lebensjahres kommt es, so Erikson, zu einer ersten Krise. Diese Krise scheint im zeitlichen Zusammentreffen von drei Entwicklungen zu bestehen:

---

[2] vgl. ERIKSON, Identität, S. 62
[3] vgl. ERIKSON, Identität, S. 64
[4] vgl. ERIKSON, Identität, .S. 63
[5] vgl. ERIKSON, Identität, S. 65
[6] ERIKSON, Jugend, S. 97
[7] ERIKSON, Identität, S. 72

zum einen aus einer physiologischen, nämlich der, dass der Säugling das steigende Bedürfnis verspürt, sich Dinge einzuverleiben, anzueignen und zu beobachten, zum anderen aus einer psychologischen, nämlich der wachsenden Bewusstwerdung, ein Individuum zu sein. Die dritte Entwicklung ist eine umweltbedingte Entwicklung, indem sich nämlich die Mutter scheinbar von dem Kind abwendet und sich anderen Beschäftigungen zuwendet. Dieses Abwenden kann das Kind möglicherweise als Entzug der Mutterliebe verstehen.

Überwältigt das Kind diesen Konflikt nicht und überwiegen die negativen Erfahrungen, so führt dies, laut Erikson "(...) zu einer akuten kindlichen Depression (Spitz, 1945) oder zu einem zwar milderen, aber chronischen Trauergefühl (.), das vielleicht dem ganzen späteren Leben einen depressiven Unterton verleiht."[8] Statt Ur-Vertrauen entwickelt der Säugling dann Ur-Misstrauen.

Deshalb ist es wichtig, dass in dieser Phase der sich häufenden Eindrücke von Enttäuschung, Trennung und Verlassenwerden, das Ur-Vertrauen aufrechterhalten und gefestigt wird.

Die Grundhaltung, die in dieser ersten Lebensphase aufgebaut wird, beeinflusst das ganze Leben einer Person.

Wurde Ur-Vertrauen aufgebaut, herrscht eine überwiegend optimistische, anderen Menschen gegenüber positive Grundeinstellung. Fehlt dieses Ur-Vertrauen, so besteht die Gefahr, dass sich ein allgemeines Misstrauen, nicht nur gegenüber der Welt, sondern auch gegenüber sich selbst ausbildet. Wird das Ur-Vertrauen stark beschädigt, bzw. gar nicht erst ausgebildet, können psychische Störungen, wie z.B. Depressionen entstehen.

Die positiven Erfahrungen, wie Geborgenheit, Wärme, Zuverlässigkeit, Aufmerksamkeit und Zuwendung, sollten den negativen Erfahrungen und Frustrationen, wie auf Bedürfnisbefriedigung warten zu müssen, Enttäuschung, Einsamkeit, Missachtung oder physischer Schmerz, überwiegen.

Natürlich können Frustrationen im Kindesalter nicht gänzlich vermieden werden.

Nach Erikson ist es jedoch wichtig, dass nicht nur positive Erfahrungen überwiegen, um ein Gefühl des Vertrauens zu entwickeln, sondern dass die Summe des Vertrauens, die das Kind aus diesen frühen Erfahrungen mitnimmt, nicht absolut von der Quantität, sondern viel mehr von der Qualität der Mutter-Kind-

---

[8] ERIKSON, Identität, S. 68 f.

Beziehung abhängig ist. "Ich glaube, dass die Mutter in dem Kinde dieses Vertrauensgefühl durch eine Pflege erweckt, die ihrer Qualität nach mit der einfühlenden Befriedigung der individuellen Bedürfnisse des Kindes zugleich auch ein starkes Gefühl von persönlicher Zuverlässigkeit (...) vermittelt."[9]

Der Erfolg ist somit vielmehr abhängig von der Erfüllung der mütterlichen Funktion im jeweiligen Kulturkreis mit den jeweiligen Wertvorstellungen, wie Wissen, Religion etc., als von der Menge der erbrachten Mutterliebe.

Dies ist also der Anfang - das Zusammenkommen eines Säuglings, einem Elternpaar und einer Gesellschaft in einem Akt des Glaubens und Vertrauens.

2.2 Autonomie gegen Scham und Zweifel

In dieser zweiten Phase, dem zweiten und dritten Lebensjahr, entwickelt sich bei gesunden Persönlichkeiten, bedingt durch die wachsenden körperlichen Fähigkeiten, insbesondere der Ausbildung des Muskelsystems, die Autonomie. Durch das Reifen der Muskulatur werden dem Kind zwei Modalitäten eröffnet: das Festhalten und das Loslassen.[10] "Es entwickelt sich die allgemeine Fähigkeit, ja das Bedürfnis, mit Willen fallenzulassen und wegzuwerfen und das Festhalten und Loslassen abwechselnd zu üben."[11]

Durch die neu erworbenen Fähigkeiten wird das Kind in die Lage versetzt, sich von der Bezugsperson zu entfernen, sich abzugrenzen und den eigenen Willen durchzusetzen, um so gewissermaßen unabhängiger von der Versorgungsumwelt zu sein. Desweitern ist es in der Lage, seine Ausscheidungen selbst zu kontrollieren.

Besondere, jedoch nicht ausschließliche Bedeutung, kommt dabei den Ausscheidungsorganen zu; nicht ohne Grund wird diese Phase in der Psychoanalyse auch als anale Phase (Freud) bezeichnet.

Die Ausscheidungsfunktion des Körpers kontrollieren zu können, bedeutet für das Kind Wohlbefinden, so Erikson. Zudem bedeutet ihr Beherrschen, zumindest in den westlichen Kulturen, Lob von Seiten der Bezugspersonen, welches "zunächst noch recht oft für das Unbehagen und die Spannung entschädigen"

---

[9] ERIKSON, Kindheit, S.231
[10] ERIKSON, Kindheit, S.231
[11] ERIKSON, Identität, S. 76

muss, "die das Kind empfindet, bevor seine Organe gelernt haben, ihr Tagwerk zu verrichten."[12]

Erneut bedingt sich hier die Ausbildung organischer Funktionen mit dem Heranreifen persönlicher Fähigkeiten. Das Kontrollieren des Stuhlganges ist für das Kind ein bedeutsamer Schritt in Richtung Autonomie. Indem es nicht mehr gewickelt werden muss, wird es von den Eltern unabhängiger. Das stärkt das Selbstvertrauen, unterstützt von der einhergehenden Anerkennung durch die Eltern.

Erikson bezeichnet diese ganze Lebensphase als "Kampf um die Autonomie"[13]. Das Kind beginnt seine Welt in "ich", "du" und "mein"[14] zu unterteilen. Die scheinbar widersprüchlichen Tendenzen, wie sich anschmiegen und wegstoßen, aufheben und fallenlassen, fügsam und rebellisch zu sein, fasst Erikson unter der Formel des "retentiv eliminativen Modus"[15] zusammen.

Der besondere Wert, der in dieser Lebensphase auf die Autonomie gelegt wird, macht aber auch deutlich, was das Kind noch nicht kann.

Scham und Zweifel entstehen, wenn Angestrebtes noch nicht erreicht werden kann und das Kind das Gefühl hat, lächerlich gemacht zu werden; dies kann geschehen, wenn z.B. die Reinlichkeitserziehung zu streng und zu früh durchgeführt wird. Verstärkt wird dieses Gefühl auch, wenn Eltern sich als nicht verlässlich erweisen. In dieser Phase muss eine Balance zwischen Autonomie und Abhängigkeit gefunden werden.

"Sei gegenüber dem Kinde in diesem Stadium zugleich fest und tolerant, und es wird auch gegen sich fest und tolerant werden. Es wird stolz darauf sein, eine autonome Person zu sein; es wird auch anderen Autonomie zugestehen; und dann und wann wird es auch sich selbst etwas durchgehen lassen."[16]

Damit die entwickelnde Autonomie gestärkt wird, muss das Kind vor allem vor übermäßigen Misserfolgserlebnissen geschützt werden, welche in ihm ein Gefühl von Scham über das eigene Unvermögen bis hin zu Zweifeln an der eigenen

---

[12] ERIKSON, Identität, S.76
[13] vgl. ERIKSON, Jugend, S.110
[14] vgl. ERIKSON, Identität, S. 78
[15] vgl. ERIKSON, Jugend, S. 110
[16] ERIKSON, Identität, S. 82

Kompetenz auslösen können. Erikson bezeichnet Scham als "(...) einen gegen das Ich gekehrten Zorn."[17] und Zweifel als "Bruder der Scham"[18].

Deshalb ist es besonders wichtig, dass dem Kind und seinem nun erwachenden Tatendrang durch die Erziehung der Eltern ausreichend Rückhalt geboten wird. Die Bedürfnisse des Kindes müssen beachtet und ernst genommen werden. Aus der Bestätigung seines Handels und der Reaktion der Bezugspersonen heraus erlebt das Kind Selbstvertrauen und es wird in seiner Neugier, seinem Wissens- und Forschungsdrang bestätigt und befriedigt und lernt so zu wissen und zu erkennen, was es will. Es entwickelt sich Selbstvertrauen.

Das Kind muss in seinem Handeln ermutigt werden und soll sich ständig darüber bewusst sein, dass das in der ersten Phase gewonnene Ur-Vertrauen weiterhin besteht.

"Das Kleinkind muss das Gefühl haben, dass sein Urvertrauen zu sich selbst und zur Welt, jener aus den Konflikten des oralen Stadiums erworbene bleibende Schatz, nicht bedroht wird durch den plötzlichen Wunsch, seinen Willen durchzusetzen, sich etwas fordernd anzueignen und trotzig von sich zu stoßen."[19]

Nur so kann es seinem eigenen Willen Ausdruck verschaffen, ohne Angst haben zu müssen, dass die Eltern diesen mit Missbilligung strafen und es für seine Taten beschämen. Es muss eine Balance zwischen Autonomie und Abhängigkeit gefunden werden.

Wird dem Kind die Autonomie durch die erziehenden Personen vorenthalten, so kann dies wiederum zu gravierenden Einschnitten in der Entwicklung und letztlich zu Krankheitsbildern wie Zwangsverhalten und Selbstzweifeln führen. Menschen, die kein Autonomiegefühl entwickeln, hegen immer Zweifel und fürchten Kritik.

"Das empfindliche Kind, (...) das durch einen frühen Vertrauensverlust geschwächt ist, kann all seinen Drang, die Dinge zu erforschen und zu betasten, gegen sich selbst richten. Es wird übermäßig selbstkritisch und entwickelt ein frühreifes Gewissen. Anstatt von den Dingen Besitz zu ergreifen und sie spielend zu erproben, ist es besessen von seinem eigenen Wiederholungsdrang; (...)"[20]

---

[17] ERIKSON, Kindheit, S. 233
[18] vgl. ERIKSON, Kindheit, S.234
[19] ERIKSON, Identität, S. 79
[20] ERIKSON, Identität, S. 81

Die internalisierten Ergebnisse dieser Phase drücken sich in der Beziehung des Einzelnen zu den Prinzipien von Recht und Ordnung aus.

2.3 Initiative gegen Schuldgefühl

Im Zentrum dieser Phase, dem vierten und fünften Lebensjahr, die der ödipalen oder phallischen Phase (Freud) entspricht, steht die Fähigkeit zur Initiative. In der bewältigten zweiten Phase hat das Kind gelernt, dass es ein Individuum ist und ist davon überzeugt, eine selbstständige Person zu sein. Das Kind muss laut Erikson " (...) nun herausfinden, was für eine Art von Person es werden könnte."[21]

Es erkennt erstmals Unterschiede und Gemeinsamkeiten zu sich und anderen Menschen. Auch die Geschlechterdifferenzierung tritt erstmals auf. Das Kind verschiebt seinen Fokus von der eigenen Person auf die Umwelt und beginnt so die Realitätserkundung. Es entwickelt einen Forscherdrang und die Motivation etwas zu tun, zu handeln und sich an etwas anzunähern.

Dass es wiederum organische Fähigkeiten sind, die auch diese Phase kennzeichnen, scheint nunmehr kaum noch zu verwundern. Laut Erikson kommen dem Kind in diesem Stadium drei kräftige Entwicklungsschübe entgegen, die jedoch auch die nächste Krise aktivieren: zum einen lernt das Kind, sich freier und kraftvoller zu bewegen und gewinnt dadurch ein neues Betätigungsfeld; zum anderen vervollständigt sich sein Sprachvermögen so weit, dass es mehr verstehen und nachfragen, aber auch missverstehen kann. Das erweiterte Sprachvermögen und die Bewegungsfreiheit zusammen erweitern so seine Vorstellungswelt.[22] Das Kind erträumt sich dann in seinen Gedanken Welten, vor denen es sich fürchtet.

"Trotzdem muß das Kind aus alle dem mit einem Gefühl der Initiative hervorgehen, als Grundlage für einen der Wirklichkeit gerecht werdenden Ehrgeiz und ein Gefühl sinnvoller Zielgerichtetheit."[23]

Eine Lösung des Problems bietet sich darin, " (...)dass das Kind plötzlich "zusammenwächst", sowohl psychisch wie physisch (...) es verfügt über einen gewissen Energieüberschuß mittels dessen es Misserfolge rasch vergisst und an

---

[21] ERIKSON, Jugend, S. 117
[22] vgl. ERIKSON, Identität, S. 87
[23] ERIKSON, Jugend, S. 117

alles, was ihm wünschenswert erscheint (...) mit unverminderter und zielsicherer Energie herangeht."[24]

Das Kind beginnt sich mit den Erwachsenen zu messen und zu vergleichen; es möchte in die Erwachsenenwelt eindringen, wie es auch sonst ein Bedürfnis zum Eindringen hat.

Der "eindringende Modus"[25] beherrscht diese Phase weitgehend und bezeichnet eine Vielzahl von ähnlichen Handlungen und Phantasien, wie das Eindringen in einen Raum durch kraftvolle Bewegung, das Eindringen in die Ohren und das Denken anderer durch aggressives und lautes Reden, oder auch das Eindringen in das Unbekannte durch eine unersättliche Neugier.

Dadurch, dass das Kind sich und seine Welt zu verstehen versucht, wächst in ihm auch das Interesse an seiner eigenen, allerdings noch infantilen Sexualität[26]. Hier erlebt es, bedingt durch die mangelnde körperliche Entwicklung deutliche Grenzen; Erikson erinnert in diesem Zusammenhang an den von Freud so bezeichneten "Ödipus-Komplex"[27].

Bei Jungen ist diese Phase phallisch geprägt und gekennzeichnet durch den Wunsch, etwas zu erobern und in etwas einzudringen. Gegensätzlich dazu charakterisiert der Wunsch des Empfangens diese Phase bei den Mädchen. Sie versuchen dies entweder durch aggressive Tat in Form von eifersüchtiger Eroberung oder durch das Gefallen bei jemandem, durch ein "Sich-Liebkind-Machen"[28].

Das Kind versucht vor allem, die Rolle des gleichgeschlechtlichen Elternteils zu übernehmen, der gegengeschlechtliche Elternteil wird zum Triebobjekt. Durch die Fokussierung der Umwelt empfindet das Kind nicht mehr Rivalität zu jüngeren Geschwistern, sondern zu denen, die schon da waren. Das Kind tritt in Konkurrenzkampf um die Liebe von Vater oder Mutter, um mit der Niederlage Resignation, Schuld und Angst zu empfinden.

Zum Scheitern verurteilt, ist es zu Nachahmungshandlungen und Phantasien hingerissen, da es nicht in der Lage ist, den Erwachsenen zu besiegen und nicht "mächtig" genug ist, deren Funktion zu übernehmen.

---

[24] ERIKSON, Identität, S. 88
[25] vgl. ERIKSON, Jugend, S.118
[26] vgl. ERIKSON, Kindheit, S.235
[27] vgl. ERIKSON, Identität, S.90
[28] vgl. ERIKSON, Kindheit, S.235

"Dies ist dann das Stadium der Angst um Leib und Leben, einschließlich der geheimen Furcht, das männliche Glied zu verlieren oder, beim Mädchen, es verloren zu haben, zur Strafe für die mit den kindlichen Sexualregungen verbundenen Phantasien."[29] Es ist nötig den Kastrationskomplex dieser Phase zu überwinden, um zu der Erkenntnis zu gelangen, dass das Kind selbst ein Teil der Geschlechterfolge ist.

Zugleich, so Erikson, entwickelt sich in dieser Phase auch das Gewissen, welches er "Lenker der Initiative"[30] nennt. Schon während des Tuns weiß das Kind nun, ob es richtig oder falsch handelt und misst sich und die Eltern an ihrem Handeln. Das Kind beginnt, sich nicht nur für das, was es getan hat zu schämen, wenn es entdeckt wird, sondern es beginnt, die Entdeckung an sich zu fürchten und sich für bloße Gedanken und Taten schuldig zu fühlen. Erikson nennt dies den Grundstein für die Moralität im individuellen Sinne.

Die erfolgreiche Meisterung der Krise in dieser Phase führt dazu, dass das Kind mit einer ungebrochenen Initiative daraus hervorgeht. Wird der Konflikt nicht angemessen gelöst, entwickelt sich ein übersteigertes Gewissen, welches die Initiative auch in späteren Lebensphasen behindert und einschränkt, oder übertrieben hervortreten lässt. Auf dieser Stufe muss also eine Balance zwischen einem gesunden Maß an Initiative und einer normalen Regulationsinstanz entstehen.

"Nur durch eine Kombination von früher Vermeidung und Verminderung der Gefühle von Haß wie der von Schuld (…) kann eine friedliche Kultivierung von Initiative und freiem Unternehmungsgeist entstehen."[31]

Die Frucht besteht aus Schuldgefühlen und einem Gefühl, der Herr der eigenen Initiative zu sein.

---

[29] ERIKSON, Identität, S.93
[30] vgl. ERIKSON, Identität, S.94
[31] ERIKSON, Identität, S. 97

2.4 Werksinn gegen Minderwertigkeitsgefühl

In dieser Phase, dem sechsten Lebensjahr bis hin zur Pubertät, gibt es keine neue Quelle der inneren Unterstützung und so wird diese auch Latenzperiode oder -phase (Freud)[32] genannt, weil die stürmische sexuelle Entwicklung nun zu einem vorläufigen Abschluss gekommen ist.

Erikson bezeichnet diese Phase allerdings auch als "(...) die Windstille vor dem Sturm der Pubertät (...)".[33]

Kristallisierte sich in der ersten Phase die Überzeugung: "Ich bin, was man mir gibt", in der zweiten Phase: "Ich bin, was ich will", in der dritten Phase: "Ich bin, was ich mir zu werden vorstellen kann", so ist es in der vierten Phase das: "Ich bin, was ich lerne"[34] vorrangig.

Das Kind wird offener für die Welt und in ihm wächst das Bedürfnis, produktiv zu sein, etwas Neues zu lernen, einen Beitrag zur Erwachsenenwelt zu leisten und in dieser anerkannt zu werden. Dieses Verlangen bezeichnet Erikson als "Werksinn"[35].

Erikson leugnet nicht die Bedeutung des Spiels in dieser Phase; er bezeichnet es als "(...) eine Vorbereitung auf die Zukunft oder eine Methode, vergangene Gemütserregungen abzureagieren, vergangene Versagungen in der Phantasie zu befriedigen (...)"[36], aber auch als "(...) ein Hafen, den das Kind sich schafft und zu dem es zurückkehrt, wenn es sein Ich "überholen" muß."[37] Aber er unterstreicht zugleich die Tendenzen von Kindern in dieser Altersstufe, gemäß ihren wachsenden Fähigkeiten zuzuschauen, mitzumachen, zu beobachten und teilzunehmen. Dies kann in der Schule, auf der Straße, bei Freunden oder bei sich zu Hause geschehen. Insofern übernimmt das Spiel hierbei durchaus wichtige Funktionen: Im Gegensatz zu dem Spiel des Erwachsenen, dem das Spiel zur Erholung dient, erlaubt es dem Kind eine neue Stufe von "Realitätsmeisterung"[38], "(...) einen kindlichen Weg der Bewältigung von Erleb-

---

[32] vgl. ERIKSON, Jugend, S. 128
[33] ERIKSON, Jugend, S. 128
[34] vgl. ERIKSON, Identität, S.98
[35] vgl. ERIKSON, Identität, S.102
[36] ERIKSON, Identität, S.101
[37] ERIKSON, Identität, S.101
[38] ERIKSON, Identität, S.102

nissen durch Meditieren, Experimentieren und Planen, allein und mit Spielgefährten."[39]

Das Spiel ist also für das Kind und im Gegensatz zum Erwachsenen nicht Mittel zur Flucht vor der Realität, sondern Mittel zu deren Bewältigung, die für das Kind immer bedeutsamer wird. Spielen allein reicht jedoch nach Erikson nicht aus für die Entwicklung. Das Kind möchte nützlich sein und etwas leisten, es entwickelt die Lust an Wissen, Zielstrebigkeit, Genauigkeit, Perfektion und Ausdauer, es möchte etwas schaffen.

Das Kind entdeckt während dieser Zeit, dass es von Seiten anderer leicht Anerkennung gewinnen kann, indem es Dinge selber lernt oder herstellt. Das sich bei Erfolg einstellende Bestätigungsgefühl motiviert es, fleißig zu sein, und sich Dinge selbstständig zu erarbeiten, unterstützt den Werksinn.

Jedoch besteht auch die Gefahr, dass das Kind durch Misserfolge in seinem Selbstvertrauen geschwächt wird. Wird es dann nicht immer wieder von Personen wie Lehrern oder Eltern, welche eine Vorbildfunktion auf das Kind ausüben, ermutigt, einen neuen Versuch zu starten, können sich diese anfänglichen Fehlschläge zu einem bleibenden Minderwertigkeitskomplex entwickeln.

Das Kind lernt in dieser Phase, sich Anerkennung zu verschaffen, indem es etwas leistet. Gerade im Erlangen von Anerkennung birgt sich aber auch eine weitere Gefahr für die Entwicklung der Identität des Kindes: "Wenn das übermäßig sich anpassende Kind die Arbeit als das einzige Kriterium des Lohnenswert-Seins akzeptiert und Phantasie und Spiellust zu bereitwillig aufgibt (...)"[40], so besteht die Gefahr, dass ein übertriebener Fleißeffekt aufsteigt und so ein gedankenloser, leicht auszubeutender Konformist entsteht.

Erfährt das Kind in dieser Phase Erfolgserlebnisse, zugetraute Verantwortung, positive Rollenzuweisung und nichtständige Frustration, Angst machende Lehrmethoden (insbesondere in der Schule) und ausschließliche Akzeptanz durch Leistung, so kann es die Krise in dieser Phase erfolgreich überwinden. So werden seine Leistungsfähigkeit und eine positive Arbeitshaltung gefördert und Minderwertigkeitsgefühle oder Unzulänglichkeit werden gebannt.

---

[39] ERIKSON, Identität, S.102
[40] ERIKSON, Jugend, S.130

Erikson bezeichnet diese Phase für soziale Beziehungen als höchst entscheidend, "da der Tätigkeitsdrang das Tun mit und neben anderen umfasst, entwickelt sich in dieser Zeit ein Gefühl für Arbeitsteilung und für gerechte Chancen."[41]

2.5 Identität gegen Identitätsdiffusion

Krisenpotential in der fünften Stufe, dem Alter der Pubertät bis zum ca. achtzehnten Lebensjahr, bilden das rasche Körperwachstum und das Ausreifen der physischen Geschlechtsreife. Diese Stufe entspricht der genitalen Phase (Freud) und beinhaltet die Suche nach der eigenen Identität. Erikson bezeichnet sie als "Lebensform zwischen Kindheit und Erwachsensein"[42].

Eine andauernde und stabile Ich-Identität kann sich nur dann ausbilden, wenn die Krisen der früheren Phasen konstruktiv gelöst wurden. Die Ich-Identität erlaubt dem Jugendlichen, sich als in die Gesellschaft eingebettet und von ihr als akzeptierte Persönlichkeit, die aufgrund der erworbenen Fähigkeiten den Anforderungen der Zukunft gewachsen ist, zu begreifen.

Erikson sieht das Problem, sich für eine Berufsidentität zu entscheiden, als Hauptgrund der Beunruhigung des Jugendlichen.[43] Der junge Mensch ist in erster Linie damit beschäftigt, seine soziale Rolle zu festigen und sich darauf zu konzentriert, "(...) wie er, im Vergleich zu seinem eigenen Selbstgefühl, in den Augen anderer erscheint und wie er seine früher aufgebauten Rollen und Fertigkeiten mit den gerade modernen Idealen und Leitbildern verknüpfen kann."[44], das heißt, ein Gefühl der Identität zu entwickeln. Es stellen sich die Fragen nach dem ICH und dem "Wie wirke ich auf andere?".

Die verschiedenen Elemente, welche der Jugendliche in den vorangegangenen Stufen entwickelt hat, wie Vertrauen, Autonomie, Initiative und Fleiß, die in dieser Stufe zu einem Ganzen zusammengeführt werden, sind umso wichtiger, um so eine Identität in der Gesellschaft zu bilden.

Durch die starke Veränderung des eigenen Körpers während der Pubertät kommt es zu einem erneuten Infragestellen der alten Werte, denn der Heranwachsende macht eine ähnliche Umbruchphase wie in der Kleinkindheit durch.

---

[41] ERIKSON, Identität, S. 106
[42] ERIKSON, Jugend, S.131
[43] vgl. ERIKSON, Identität, S.110
[44] ERIKSON, Identität, S. 106

Außerdem kommt das Bedürfnis nach Bestätigung von außen hinzu, jedoch ist jetzt vor allem die Bestätigung Gleichaltriger wichtig, nicht mehr so sehr die von den Eltern oder Lehrern.

Diese besonders kritische und für den Heranwachsenden meist verwirrende Phase bezeichnet Erikson als Moratorium[45]. Es besagt, dass alle bisher erlernten Optionen während der Karenzzeit der Pubertät erneut ausprobiert werden können, so dass der Jugendliche zum Ende dieser Stufe wirklich sicher sein kann, dass er auch die für ihn persönlich jeweils besten Aspekte für seine Persönlichkeit ausgewählt hat.

Gegenteilig dazu ist die Annahme einer negativen Identität bzw. die Identitätsdiffusion. Hier wird versucht, durch die Negation der allgemein anerkannten Werte und Normen seine eigene Identität zu finden.

"Es ist wichtig, im Prinzip zu verstehen, dass eine derartige Intoleranz für eine Weile eine notwendige Verteidigung gegen ein Gefühl des Identitätsverlustes sein kann."[46]

Die Identitätsdiffusion beschreibt Erikson als einen Zwiespalt in der eigenen Persönlichkeit, der es eben nicht gelingt herauszufinden, "(…) ob man ein richtiger Mann (eine richtige Frau) ist, ob man jemals einen Zusammenhang in sich finden und liebenswert erscheinen wird, ob man imstande sein wird, seine Triebe zu beherrschen, ob man einmal wirklich weiß, wer man ist, ob man weiß, was man werden will, weiß, wie einen die anderen sehen, und ob man jemals verstehen wird, die richtigen Entscheidungen zu treffen (…)[47]

"Die Gefahr dieses Stadiums liegt in der Rollendiffusion. In Fällen, in denen dieser Zwiespalt auf starken früheren Zweifel des jungen Menschen an seiner sexuellen Identität beruht, kommt es nicht selten zu kriminellen oder sexuellen oder ausgesprochen psychotischen Zwischenfällen."[48]

Im Idealfall ist das Moratorium ein vorübergehender Zustand, welcher überwunden, einen gefestigten Menschen hervorbringt, der sich an Idolen und Idealen orientiert und für sich selbst auch eine Perspektive und Zukunft sieht. Des Weiteren kann nur der eigene Beruf als Identitätsaspekt gesehen werden und so mit Befriedigung ausgeübt werden.

---

[45] vgl. ERIKSON, Jugend, S. 131
[46] ERIKSON, Jugend, S. 135
[47] ERIKSON, Identität, S. 111 f.
[48] ERIKSON, Kindheit, S.239

Ist die Pubertät zum Ende gekommen, führt dies im positiven Fall zu einer erfolgreichen Identitätsbildung. Mit ihr geht einher, dass alle bisher erlernten Teile des Persönlichkeitspuzzles sich zu einem Ganzen fügen, welches nun die persönliche Identität formt. So ist der junge Erwachsene fähig, im Einklang mit sich selbst und seiner Umwelt zu leben, da er sich seiner inneren Stabilität und Kontinuität bewusst ist.

"So mancher Jugendlicher, der von seiner Umgebung zu hören bekommt, er sei ein geborener Strolch, ein komischer Vogel oder Außenseiter, wird erst aus Trotz dazu."[49]

Gerade deshalb ist von Seiten der Erwachsenen, eine vorbehaltlose und ernsthafte Anerkennung seiner wirklichen Leistungen, ein hohes Maß an Toleranz, Zutrauen in seine Fähigkeiten und das Annehmen seines Selbst, so wie er ist, besonders wichtig, um ihm so zu ermöglichen, diese Krise zu meistern und gestärkt in die nächste Phase eintreten zu können.

Die Pubertät ist die Phase, in der die Identitätsentwicklung besonders akzentuiert erlebt wird, während die Identitätsbildung selbst ein lebenslanger Prozess ist.

Die geklärte Identität ist eine Voraussetzung für Intimität, deren Entwicklung die Aufgabe der nächsten Phase ist.

2.6 Intimität und Distanzierung gegen Selbstbezogenheit

Die sechste Phase findet im frühen Erwachsenenalter statt, wenn junge Menschen angefangen haben zu arbeiten oder zu studieren und das Zusammentreffen mit dem anderen Geschlecht ernsthafter wird. Wenn Heirat und Familiengründung anstehen oder bereits vollzogen wurden. Durch das erfolgreiche Durchleben der vorangegangenen Phase, ist die Persönlichkeitsbildung weitgehend abgeschlossen.

Das zentrale Thema dieser Phase ist die Herausbildung der Fähigkeit zur Intimität, zum Aufbau von tragfähigen Beziehungen, wobei damit nicht nur heterosexuelle Liebesbeziehungen, sondern auch ganz normale, freundschaftliche Beziehungen gemeint sind. Diese intimen Freundschaften unter jungen Menschen helfen dabei, z.B. durch Gespräche, den eigenen Standpunkt zu finden und ent-

---

[49] ERIKSON, Identität, S.110

springen "(…) oft dem Streben, zu einer Definition seiner eigenen Identität zu gelangen(…)"[50].

Der junge Mensch kann eine Beziehung eingehen, ohne Angst vor zu enger Bindung haben zu müssen, die zu einem Verschmelzen der eigenen Identität mit der des Partners führen könnte. Vielmehr ergibt sich aus einer Beziehung die Möglichkeit, das eigene Selbst im Partner zu finden und sich durchaus auch ohne Risiko für einige Zeit im Gegenüber zu verlieren, wie es z.B. im Geschlechtsakt der Fall ist. Eine feste Bindung fordert vor allem auch Zuverlässigkeit und Pflichtgefühl gegenüber dem Partner.

Erikson dazu: "Körper und Ich müssen nun die Organ-Modalitäten und die Kernkonflikte beherrschen, um ohne Furcht vor dem Ich-Verlust Situationen begegnen zu können, die Hingabe verlangen: in Orgasmus und geschlechtlicher Vereinigung, in enger Freundschaft und physischem Kampf, in Erlebnissen der Inspiration durch Lehrer und der Institution aus der Tiefe des Selbst."[51]

Man muss zu der Einsicht kommen, "(…) dass es keine wahre Zweiheit gibt, bevor man nicht selber eine Einheit ist"[52] und Erikson macht somit darauf aufmerksam, dass erst, wenn die Identitätsbildung weit vorangeschritten ist, echte Intimität möglich ist.

Erikson spricht von einem "ethischen Gefühl"[53], das er als Kennzeichen des Erwachsenen benennt und dem konkurrierendes Aufeinandertreffen, erotische Bindung und unerbittliche Feindschaft unterstellt sind und nun an die Stelle der ideologischen Überzeugung des Jugendlichen und der Moral des Kindes tritt.

Die Genitalität wird von der Psychoanalyse als Hauptmerkmal der gesunden Persönlichkeit hervorgehoben.[54] und von Freud folgendermaßen erfasst:

"1. Wechselseitigkeit des Orgasmus

2. mit einem geliebten Partner

3. des anderen Geschlechts

4. mit dem man wechselseitiges Vertrauen teilen will und kann

5. und mit dem man imstande und willens ist, die Lebenskreise der

---

[50] ERIKSON, Identität, S.115
[51] ERIKSON, Kindheit, S.240
[52] ERIKSON, Identität, S.115
[53] ERIKSON, Jugend, S.139
[54] ERIKSON, Identität, S.116

a) Arbeit

b) Zeugung

c) Erholung

in Einklang zu bringen, um

6. der Nachkommenschaft ebenfalls eine befriedigende Entwicklung zu sichern."[55]

Wenn solche intimen Beziehungen nicht aufgenommen werden, ist zu erwarten, dass die Beziehungen, die dieser Mensch zukünftig eingeht, kühl und berechnend sein werden.

"Wo ein Jugendlicher solch intime Beziehungen mit anderen (…) nicht in der späten Adoleszenz oder im jungen Erwachsenenalter erreicht, kann er sich unter Umständen auf weitgehend stereotypisierte zwischenmenschliche Beziehungen festlegen und zu einem tiefen Gefühl der Isolierung kommen."[56]

Das gesunde Gegenstück zur Intimität ist die Distanzierung, "(…) die Bereitschaft, jene Kräfte und Menschen, deren Wesen dem eigenen gefährlich erscheint, abzuweisen, zu isolieren und wenn nötig zu zerstören."[57] Diese fertigere und wirkungsvollere Art der Ablehnung ist über die blinden Vorurteile der Pubertät hinausgewachsen.

Wo die Fähigkeit zur Identität und somit zur Intimität nicht genügend entwickelt worden ist, kommt es oftmals zur Isolation, die zu psychischen Störungen, depressiver Selbstversunkenheit oder Charakterschwierigkeiten führt.

Die Frage, was ein Mensch gut können müsse, beantwortete Freud mit: "Lieben und Arbeiten"[58]. Erikson dazu: "So können wir bei allem Nachdenken nichts an dieser Formel verbessern, die zugleich auch eine ärztliche Verordnung für Menschenwürde - und für ein demokratisches Leben in sich schließt."[59]

---

[55] ERIKSON, Kindheit, S.242f.
[56] ERIKSON, Jugend, S.139
[57] ERIKSON, Jugend, S.139
[58] ERIKSON, Identität, S.116
[59] ERIKSON, Kindheit, S.241

2.7 Generativität gegen Stagnierung

Unter Generativität versteht Erikson den Wunsch zweier Partner nach Fortpflanzung und elterlicher Verantwortung. Aus diesem Grunde ist diese siebte Phase, die der Mensch im mittleren Erwachsenenalter durchlebt, eng verbunden mit dem Problem der Genitalität.

"Sexuelle Partner, die in ihrer Beziehung zueinander die wahre Genitalität finden, werden bald wünschen, mit vereinter Kraft einen gemeinsamen Sprössling aufzuziehen."[60]

Der Mensch hat im mittleren Erwachsenenalter bereits seine Identität gefunden und Intimität erreicht und kann nun Fürsorge für andere entwickeln. Erikson nennt diesen Wunsch Streben nach Generativität, da er sich, durch Genitalität und die Gene, auf die nächste Generation richtet.

Voraussetzung dafür ist jedoch, wie auch in den vorangegangenen Phasen, das Erreichen eines positiven und intakten Identitätsgefühls. Statt zu Nehmen, entwickelt sich jetzt auch das Bedürfnis zu Geben. Erikson sagt, dass der Mensch von der Evolution sowohl zum lernenden als auch zum lehrenden Tier gemacht wurde und Abhängigkeit und Reife wechselseitig seien.[61] „[D]er reife Mensch hat das Bedürfnis, dass man seiner bedarf und die Reife wird vom Wesen dessen gelenkt, dem man Fürsorge zuwenden muß."[62]

In "Kindheit und Identität" beschreibt er diese siebte Phase noch nachdrücklicher: "Weder Schöpfertum noch Produktivität noch die anderen modernen Begriffe scheinen mir aber das Richtige zu bezeichnen: nämlich dass die Fähigkeit, sich in der Begegnung der Körper und Seelen hinzugeben, zu einer allmählichen Ausdehnung der Ichinteressen und zu einer libidinösen Besetzung dessen, was so gezeugt und als Verantwortung übernommen worden ist, führt."[63]

Der Begriff der Generativität, der zeugenden Fähigkeit, umfasst sowohl die Produktivität, wie auch die schöpferische Begabung und bedeutet somit, dass es auch Menschen gibt, die diesen "Trieb"[64], aus welchen Gründen auch immer, nicht auf den eigenen Nachwuchs anwenden, sondern diesen auf andere schöp-

---

[60] ERIKSON, Identität, S.117
[61] ERIKSON, Jugend, S.141
[62] ERIKSON, Jugend, S.141
[63] ERIKSON, Kindheit, S.243
[64] ERIKSON, Jugend, S.141

ferische Leistungen richten und so den Fortbestand der eigenen Person nach dem Tod zum Beispiel durch Kunst oder Literatur erreichen und sichern.

So bleiben viele Menschen unverheiratet oder kinderlos, wollen jedoch ihren Beitrag zur Entwicklung der Gesellschaft beipflichten, welches ihr Leben wiederum positiviert; so übt z.B. nicht nur der Vater auf das Kind die Vaterfunktion aus, sondern umgekehrt auch das Kind auf den Mann. Kann dieses Lebensziel nicht erreicht werden, so droht soziale Isolation und Distanzierung. Der Mensch bringt anderen Hass und Ablehnung entgegen, um sich selbst zu schützen.

Es "(…) findet eine Regression auf ein zwanghaftes Bedürfnis nach Pseudointimität statt, oft mit einem durchdringenden Gefühl der Stagnation, Langeweile und zwischenmenschlicher Verarmung."[65]

Dabei versucht der Mensch, durch einen übersteigerten Wunsch des Alleinseins, seine Probleme zu vergessen, indem er sich dem Eindruck der so genannten "glücklichen Familie" möglichst wenig aussetzt. An diesem Punkt kann es auch zu einer übersteigerten Selbstverwöhnung kommen, als sei man sein eigenes Kind.

Die Tatsache, dass man verheiratet ist und eigene Kinder hat, bedeutet allerdings nicht gleich Generativität. Erikson weist darauf hin, dass es scheint, dass viele junge Eltern an der Unfähigkeit leiden, dieses Stadium zu entwickeln.[66] Die Wurzeln dafür finden sich oft in leidigen Kindheitseindrücken, in unheilvoller Identifikation mit den Eltern, übermäßiger Eigenliebe, die auf einer zu mühsam erreichten eigenen Identität beruht oder auch "(…) schließlich (und hier kommen wir zu unserem Ausgangspunkt zurück) im Mangel an irgendeinem Glauben, einem "Vertrauen in die Gattung", dass das Kind zu einem willkommenen Unterpfand der Gemeinschaft gemacht würde."[67]

---

[65] ERIKSON, Jugend, S.141
[66] vgl. ERIKSON, Identität, S.118
[67] ERIKSON, Identität, S.118

2.8 Integrität gegen Verzweiflung und Ekel

Nur, wer alle sieben bisherigen Phasen durchlaufen hat, kann jetzt, als älterer Erwachsener, diese achte Phase abschließen, indem er den eigenen Lebenszyklus so akzeptiert, wie er sich dargestellt hat, einschließlich der Menschen, die ihm begegnet sind, und der Art und Weise, wie sich diese Begegnungen gestaltet haben. Erikson bezeichnet die Integrität als "Frucht"[68] der siebten Phase.

Die Ich-Integrität ist schließlich die Krönung, die Synthese aller Teile. Man hat sich entwickelt, ist fähig die Umwelt zu akzeptieren und anzuerkennen, bereit sich für den Fortbestand der eigenen Familie einzusetzen; man hat eine Form der Integrität angenommen und wird zum Teil des Ganzen, zum Glied der Kette.

"Der integere Mensch ist bereit, die Würde seines eigenen Lebensstils gegen alle körperlichen und ökonomischen Bedrohungen zu verteidigen, obwohl er sich der Rivalität all der verschiedenen Lebensstile bewusst ist. Denn er weiß, dass ein Einzelleben das Zufällige Zusammentreffen von nur einem Lebenszyklus mit nur einem Ausschnitt der Geschichte ist, und dass für ihn die gesamte menschliche Integrität mit dem einen Integritätsstil, an dem er teilhat, steht und fällt."[69]

Es kommt also darauf an, wie der Mensch auf sein vergangenes Leben zurückblickt und welches Resümee er zieht. Durch diese Rekapitulation erweisen sich einerseits viele erlebte Dinge als sinnhaft, jedoch tauchen auch andererseits Probleme und Lebensaufgaben wieder auf, welche entweder nicht gelöst werden konnten, oder vielleicht sogar verdrängt wurden.

Das Fehlen oder der Verlust der gewachsenen Ich-Integrität sind dann durch Verzweiflung und Ekel gekennzeichnet. Es besteht die Gefahr der Altersverzweiflung, welche aus der Erkenntnis resultieren kann, dass das eigene Leben gewissermaßen gescheitert und nicht mehr rückgängig zu machen ist und es überkommen einen ein Gefühl der Wertlosigkeit und Niedergeschlagenheit, hat man sich weder um Vertrauen noch um andere Dinge, sei es aktiv oder passiv, bemüht.

Der Tod scheint als sinnloses Ende und kann nicht als unabänderliches Schicksal hingenommen werden und wird mit Angst oder Todesfurcht beklagt.

" (…) der eine und einzige Lebenszyklus wird nicht als das Leben schlechthin bejaht; in der Verzweiflung drückt sich das Gefühl aus, dass die Zeit zu kurz, zu

---

[68] ERIKSON, Jugend, S.142
[69] ERIKSON, Jugend, S.143

kurz für den Versuch ist, ein neues Leben zu beginnen, andere Wege der Integrität einzuschlagen (...)" und so " (...) die Selbstverachtung des Individuums ausdrückt."[70]

Erikson sagt, dass der Mensch gegen Ende seines Lebens einer neuen Auflage seines Lebens begegnen, die er so zusammenfasst: "Ich bin, was von mir überlebt."[71]

Es fließen nun Fähigkeiten wie Glaube, Willenskraft, Zielstrebigkeit, Können, Treue, Liebe Fürsorge und Weisheit "in das Leben der Institutionen"[72]

Die menschliche Persönlichkeit entwickelt sich nach einem angeborenen Plan; eine innere Kraft im Körper, die ihn zu bestimmten Zeitpunkten seines Lebens vor unterschiedliche Konflikte sozialer Interaktion stellt, um sowohl das Individuum, als auch die Gesellschaft zu bereichern.

"Wir kommen also zu dem Schluß, dass die psychologische Stärke von einem Gesamtprozeß abhängt, der die individuellen Lebenszyklen, die Generationenfolge und die Gesellschaftsstruktur gleichzeitig regulieren; denn alle drei haben sich zusammen entwickelt."[73]

---

[70] ERIKSON, Identität, S.119
[71] ERIKSON, Jugend, S.144
[72] vgl. ERIKSON, Jugend, S.144
[73] ERIKSON, Jugend, S.144

3. Diagramm des Stufenmodells

	1	2	3	4	5	6	7	8
I Säuglingsalter	Urvertrauen gg. Mißtrauen							
II Kleinkindalter		Autonomie gg. Scham und Zweifel						
III Spielalter			Initiative gg. Schuldgefühl					
IV Schulalter				Werksinn gg. Minderwertigkeitsgefühl				
V Adoleszenz	Zeitperspektive gg. Zeitdiffusion	Selbstgewißheit gg. Peinren mit Rollen liche Identitätsbewußtheit	Experimentieren eigenen Identitätswahl	Zutrauen zur Leistung gg. Arbeitslähmung	Identität gg. Identitätsdiffusion	Sexuelle Identität gg. bisexuelle Diffusion	Führungspolarisierung gg. Autoritätsdiffusion	Ideologische Polarisierung gg. Diffusion der Ideale
VI Frühes Erwachsenenalter					Solidarität gg. Soziale Isolierung	Intimität gg. Isolierung		
VII Erwachsenenalter							Generativität gg. Selbst-Absorption	
VIII Reifes Erwachsenenalter								Integrietät gg. Lebens-Ekel

Erläuterungen

Die sich zu einer Diagonale bildenden hervorgehobenen Felder zeigen die Aufeinanderfolge der psychosozialen Krisen der einzelnen Entwicklungsphasen. In den Feldern finden sich die einzelnen Kriterien verhältnismäßiger psychosozialer Gesundheit und der korrespondierenden psychosozialen Störung.

Bei einer "normalen" Entwicklung überwiegt das Kriterium der psychosozialen Gesundheit, wobei aber das Kriterium der psychosozialen Störung nie ganz verdrängt wird. Die Folge der einzelnen Phasen ist gleichzeitig die Entwicklungslinie der Komponenten der psychosozialen Persönlichkeit.

Jede Komponente, wie die vertikalen Spalten zeigen, besteht bereits in einer gewissen Form auch schon vor der Zeit der "eigentlichen" Phase, "(…) in welcher eine spezifische psychosoziale Krise entsteht, und dies sowohl durch die entsprechende Reife des Individuums als auch durch die zu erwartenden Ansprüche seiner Gesellschaft."[74]

So steigt jede Komponente langsam an und bildet am Schluss der jeweiligen Phase ihre mehr oder weniger dauernde Lösung, bleibt aber mit allen Komponenten logisch verbunden, wobei diese alle von der Zeit und dem Tempo wiederum, nicht nur von der Entwicklung des Individuums, sondern auch von den Anforderungen der Gesellschaft abhängig zu machen sind.

Am Ende der Adoleszenz wird die Identität phasenspezifisch; "(…) das Identitätsproblem muß an dieser Stelle seine Integration als relativ konfliktfreier psychosozialer Kompromiß finden – oder es bleibt unerledigt und konfliktbelastet."[75]

Das Diagramm des Stufenmodells findet sich in Eriksons Werk "Identität und Lebenszyklus" auf den Seiten 150, 151.

---

[74] ERIKSON, Identität, S.149
[75] ERIKSON, Identität, S.149

4. Fazit

Erikson baute seine Theorie der Persönlichkeitsentwicklung auf Freuds Entwicklungsmodell auf. Sie zählt zu den bekanntesten Erweiterungen und Abwandlungen dieser. Sie verbindet außerdem die Idee der Entwicklung im Lebenszyklus mit jener Thematik, die im Jugendalter zum Fokus der Persönlichkeitsentwicklung wird: dem Aufbau der Ich-Identität.

Das Erlangen von Ich-Identität ist das Generalthema seiner Theorie und beruht für ihn auf der Bewältigung von Anforderungen, die aus der Einbettung des Individuums in eine Sozialordnung resultieren.

"Eine Entwicklungsaufgabe stellt ein Bindeglied dar im Spannungsverhältnis zwischen individuellen Bedürfnissen und gesellschaftlichen Anforderungen."[76].

Die Erweiterung des Schemas um die drei Stadien des Erwachsenenalters betont, dass Entwicklung ein lebenslanger Prozess ist. Krisen werden nicht als Störfaktoren betrachtet, sondern als aktiv und konstruktiv zu lösende Aufgaben, aus denen das Individuum gestärkt hervorgehen kann, wenn es die Krise als Chance begreift.

Durch die aktive Bewältigung der Krise auf einer Stufe wird ein neues Gleichgewicht erreicht, welches die nächste Stufe, bzw. Phase bildet. Entwicklung kann somit nur stattfinden, wenn Krisen aktiv und konstruktiv gelöst werden.

Trotz seiner großen Verdienste muss kritisch angemerkt werden, dass, wie die Zeit und die Gesellschaft, auch Eriksons Modell dem Wandel unterworfen ist. Die wesentlichen Grundzüge des Modells sind sicherlich auch in der heutigen Zeit auf die Menschen zu übertragen, das Modell wäre jedoch aufgrund der ständigen Weiterentwicklung von gesellschaftlichen Werten und Anschauungen in einigen Punkten zu überdenken.

Zu Eriksons Zeit war es üblich, dass man im Erwachsenenalter heiratet und somit schließlich auch Kinder bekommt. Diese Thematik wird in der siebten Stufe, Generativität gegen Stagnierung, ausführlich beschrieben. Jedoch hat sich diese Ansicht im Laufe der Jahre in einigen Kulturen gewandelt. So sind beispielsweise in vielen westlichen Industrieländern Single-Biographien und andere Lebensentwürfe keine Seltenheit mehr.

---

[76] OERTER/MONTADA, Entwicklungspsychologie, S.269

Überdies ist zu überlegen, ob sich Eriksons Theorie in diesem Punkt nicht nur auf heterosexuelle Paare bezieht, womit auch die Frage aufgeworfen wird, ob die von Erikson selbst oft beanspruchte universelle Gültigkeit seiner Theorie für alle Menschen heutzutage weiterhin besteht. Mit Homosexuellen ist zudem eine gesellschaftliche Gruppe zu nennen, für die das Merkmal der siebten Stufe, nämlich Fortpflanzung, Probleme biologischer Natur aufwirft.

Eriksons Verdienst soll das jedoch nicht schmälern, allenfalls auf eine andere Rezeptionsmöglichkeit aufmerksam machen.

Erikson hat, im Gegensatz zu Sigmund Freud, Entwicklung als lebenslangen Prozess begriffen und sich der Erforschung der Prozesse der Sozialisation zugewandt und damit hat er die Psychoanalyse und die Entwicklungspsychologie einen bedeutenden Schritt weitergebracht.

Diese Arbeit sollte einen Überblick über das Stufenmodell Eriksons schaffen und es inhaltlich darstellen, eine kritische Auseinandersetzung damit, war nicht Ziel; sie erhebt nicht den Anspruch auf Vollständigkeit.

5. Literaturverzeichnis

Erikson, Erik H.: Identität und Lebenszyklus. Drei Aufsätze übersetzt von Käte Hügel. 12. Auflage. Frankfurt am Main: Suhrkamp, 1991 (Suhrkamp-Taschenbuch Wissenschaft; 16).

[zitiert als: ERIKSON, Identität]

Erikson, Erik H.: Jugend und Krise. Die Psychodynamik im sozialen Wandel. W. W. Norton & Company Inc., New York 1968. Austen Riggs Monograph No.7. Ernst Klett Verlag Stuttgart, 1970.

[zitiert als: ERIKSON, Jugend]

Erikson, Erik H.: Kindheit und Gesellschaft. Herausgegeben von PD. Dr. Emil Walter als Band XV der internationalen Bibliothek für Psychologie und Soziologie, begründet durch Paul Reiwald sel. Copyright 1957 by Pan-Verlag Zürich.

[zitiert als: ERIKSON, Kindheit]

Oerter, Rolf/Montada, Leo: Entwicklungspsychologie. 5., vollständig überarbeitete Auflage. Beltz Verlage, Weinheim, Basel, Berlin, 2002.

[zitiert als: OERTER/MONTADA, Entwicklungspsychologie]

Die Entwicklung der Identität

Von Tanja Wohlberedt
2006

1. Einleitende Grundgedanken

Schlendert man heutzutage durch eine Bücherei findet man Ratgeber mit den Aufschriften, wie „Wer bin ich?", „Identitätsfindung in 10 Schritten", „Lebensstation-10000 Meter bis zu mir", „Mein Weg zu mir. Ein Leitfaden für die erfolgreiche Suche nach dem Selbst" und noch sehr vielen weiteren. Auch zahlreiche Zeitschriften sind überfüllt mit Persönlichkeitstests und Selbstanalysen. Diese Beobachtung lässt vermuten, dass viele Menschen auf der Suche nach Identität sind oder mehr über die Entwicklung der Identität erfahren möchten. Ein weiterer Grund für das stetig wachsende Interesse kann auch der Wunsch nach einer neuen eigenen Identität sein.

In meiner Arbeit möchte ich die Frage nach Identität in den Mittelpunkt stellen. Wo beginnt Identität, wann verfügt man über eine eigene Identität und verändert sich die Identität im Laufe des Lebens?

Um diese Fragen beantworten zu können, möchte ich im Folgenden den Weg der Identitätsbildung nach den Ansichten von Erik H. Erikson und George Herbert Mead im Einzelnen erarbeiten.

1.1 Begriffserklärung und Einschränkung von Identität

Bevor die Entwicklung der Identität nach den Theorien von George Herbert Mead und Erik H. Erikson genauer betrachtet wird, sollte zunächst geklärt werden, was Identität ist. Im Folgenden wird eine Definition des Begriffes aufgeführt.

Im Allgemeinen spricht man von Selbstidentität, Identitätskrisen, personaler Identität und noch vielen mehr.

Der Begriff „Identität" ist ein vielschichtiger Begriff, der nicht klar zu umschreiben ist.

Identität ist eine Abwandlung von dem lateinischen Wort „identitas", welches „Wesenseinheit" bedeutet.

Die Identität eines Menschen macht es möglich, diesen von anderen seiner Art zu unterscheiden.

Die soziale Umwelt und das Individuum selbst sind eng miteinander verbunden, da zur Identität nicht nur die Selbstsicht eines Menschen gehört, sondern auch die Ansicht anderer über diesen Menschen.

Der Begriff thematisiert das <fundamentale Streben des Menschen nach Einheitlichkeit und Unverwechselbarkeit der eigenen Person (Individualität), sein Streben nach Selbsterkenntnis und Selbstgestaltung.>[77]

Im entwicklungspsychologischen Sinn ist <die Identität die einzigartige Persönlichkeitsstruktur, verbunden mit dem Bild, das andere von dieser Persönlichkeitsstruktur haben>[78], und darum soll es in dieser Studienarbeit gehen.

1.2 Begriffserklärung Interaktion

Allgemein meint Interaktion die wechselseitige Beeinflussung des Verhaltens von Individuen oder Gruppen. Für diese Arbeit ist die soziale Interaktion von besonderer Bedeutung.

Soziale Interaktion ist die <Bezeichnung für Verbindungen, Beziehungen zwischen Personen und Situationen, die bei den Partnern spezifische Reaktionen, Verhaltensweisen, Handlungen sowie Änderungen in Verhaltens- und Handlungsbereitschaften einseitig oder wechselseitig hervorrufen>[79]

Hiermit sind die durch Kommunikation (Sprache, Geste, Symbole) deutlich werdenden wechselseitigen Beziehungen zwischen Personen und Gruppen gemeint und die sich daraus ergebende wechselseitige Beeinflussung ihrer Einstellungen, Erwartungen und Handlungen.

Interaktion ist somit nicht nur Kommunikation von Mensch zu Mensch, sondern beinhaltet den Aspekt des gegenseitigen Handelns.

Die Interaktion umfasst <sämtliche soziale, zwischenmenschliche und gesellschaftliche Prozesse>[80]

---

[77] Reinhold, Dr. Gerd (Hrsg.): Pädagogik-Lexikon, Oldenbourg, 1999, S. 268
[78] Oerter, Rolf; Montada, Leo (Hrsg.): Entwicklungspsychologie, 2002, S. 346
[79] Schwendtke (Hrsg.): Wörterbuch der Sozialarbeit und Sozialpädagogik, UTB für Wissenschaft 1991, S. 134
[80] Stimmer (Hrsg.): Lexikon der Sozialpädagogik und der Sozialarbeit, Oldenbourg, 1994, S. 250

2. Die Entwicklung der Identität nach Erik H. Erikson

2.1 Einleitung zur entwicklungspsychologischen Theorie

Mit der Entwicklung der menschlichen Persönlichkeit hat sich der Psychoanalytiker und Psychotherapeut Erik Homburger Erikson (1902 – 1994) auseinandergesetzt. Erikson war ein Schüler und Freund von Sigmund Freud und entwickelte Freuds Einsichten zur Psychoanalyse weiter. Im Gegensatz zu Freud versteht Erikson die Entwicklung der Persönlichkeit als einen Prozess, der das ganze Leben eines Individuums andauert und in einem vielschichtigen sozialen bzw. gesellschaftlichen Kontext steht. Es existiert also eine Wechselwirkung zwischen Individuum und Gesellschaft.

Wichtig in der Identitätstheorie von Erikson sind nicht die individuellen Differenzen, wie vielfältig sich einzelne Identitäten ausbilden können, sondern die Gemeinsamkeit, die uns veranlasst, unsere Identität weiter zu entwickeln.

Im Nachstehenden soll aufgezeigt werden, welche Auswirkungen diese Gemeinsamkeit, die Erfahrungen mit anderen Menschen, auf die Person haben.

2.2 Die Phasen

Erikson teilt seine Identitätstheorie in Entwicklungsabschnitte bzw. in psychosoziale Krisen ein. In jeder Phase gilt es, eine Krise[81] zu bewältigen, die den Aufstieg in die nächste Phase zulässt.

Jede Phase, die der Mensch bis zum Erwachsenenalter hin durchlebt, wirft Wendepunkte in seiner Identitätsentwicklung auf. Die Überwindung jeder Krise bedeutet einen Abschluss jener Phase zu finden, um ohne Belastung in die nächste Phase eintreten zu können. Dabei ist festzuhalten, dass die positiven Stärken, die in einer Krise entstehen können, helfen, den nächsten Krisen positiv entgegenzutreten.

Dazu erstellte Erikson ein Entwicklungsmodell, welches er eng an die fünf Phasen der psychosexuellen Entwicklung von Freud anlehnte. Freuds Modell beschreibt die Entwicklung des Menschen von der Geburt bis zur Pubertät. Die erste Phase wurde von Freud als Orale Phase bezeichnet, während das Kind die

---

[81] Krise bedeutet „Zuspitzung, Höhe- und/oder Wendepunkt einer gefährlichen oder unsicheren Entwicklung oder Hemmung, Infragestellung einer Entwicklung, einer gegebenen Struktur oder Situation durch akute Schwierigkeiten" (Langenscheidt: Online-Fremdwörterbuch, http://www.langenscheidt.de/?fremdwb=krise)

Lustbefriedigung durch alles, was mit dem Mund zusammenhängt, erlebt. Anschließend folgt die Anale Phase, in der sich die Aufmerksamkeit auf die Ausscheidungsprodukte richtet. Das Kind erlangt zunehmend Kontrolle über das Ausscheiden oder Zurückhalten der Exkremente. In der Phallischen Phase übernimmt das Kind Moralbegriffe, beispielsweise von den Eltern, und entwickelt so auch sein Über-Ich.

Des Weiteren ist diese Phase durch das erste Entdecken der eigenen und fremden Sexualität gekennzeichnet. Außerdem kommt es zu einer verstärkten Hinwendung zum gegengeschlechtlichen Elternteil und sogar zur Rivalität mit dem Gleichgeschlechtlichen, so dass auch um die Liebe des gleichgeschlechtlichen Elternteils gefürchtet wird.

In der folgenden Latenzphase werden die sozialen und seelischen Antriebe ausgebildet. Die genitale Phase bildet den Abschluss der Sexualentwicklung und konzentriert die Wahrnehmung erneut auf die eigene und fremde Sexualität. Mit dieser Phase endet auch Freuds Beschreibung. Diese Phasen hat Erikson übernommen und sie mit sozialen Merkmalen erweitert.

<Zwar fügt Erikson den fünf Phasen, die Freud in seinen „Drei Abhandlungen zur Sexualtheorie" beschreibt, drei weitere Phasen hinzu, aber er erörtert darin eher Probleme der Identität und der Gemeinschaft als sexuelle Sachverhalte.>[82]

Erikson geht davon aus, dass die Bewältigung altersphasenspezifischer Krisen den Menschen vorantreibt. Er bezeichnet solch eine Krise aber nicht immer als negativ, sondern als einen Zustand, der zur Weiterentwicklung führt.

Er formuliert zu jeder Phase eine Stärke. Diese Stärken nennt er auch Grundtugenden, die das dauerhafte Ergebnis günstiger Verhältnisse in der Entwicklung des Menschen sind.

Die nachstehende Abbildung ist das achtstufige Modell von Erikson. Auf die einzelnen Phasen werde ich gleich näher eingehen.

---

[82] Hofmann, Hubert und Stiksrud, Arne (Hrsg.), Dem Leben Gestalt geben, Verlag Krammer, 2004, S. 44

	1	2	3	4	5	6	7	8
VIII. Reife								Ich-Integrität gegen Verzweiflung
VII. Erwachsenenalter							Zeugende Fähigkeit gegen Stagnation	
VI. Frühes Erwachsenenalter						Intimität gegen Isolierung		
V. Pubertät und Adoleszenz					Identität gegen Rollenkonfusion			
IV. Latenz				Leistung gegen Minderwertigkeitsgefühl				
III. Lokomotorisch-genital			Initiative gegen Schuldgefühl					
II. Muskulär-anal		Autonomie gegen Scham und Zweifel						
I. Oral-sensorisch	Urvertrauen gegen Misstrauen							

Abbildung 1:
Räumlich-symbolische Darstellung der Entwicklung bei Erikson. Abgeleitet von der Darstellung aus „Dem Leben Gestalt geben", S. 34.

2.2.1 Die Säuglingszeit / Die oral-sensorische Phase

In dieser Phase muss die Krise von Urvertrauen gegen Misstrauen überwunden werden. Der Säugling wird von der Mutter versorgt und muss seine aufnehmende Methode im Wechselspiel der gebenden Methode der Mutter anpassen. Er entwickelt die Fähigkeit, andere zu beeinflussen, um seine Bedürfnisse zu stillen.

Der Säugling macht auf sich aufmerksam, um ein Mindestmaß an Versorgung zu sichern und wird sich beruhigen, wenn ein zufriedenstellendes Maß erreicht ist.

Das Kommen und Gehen der Versorger schafft ein Lebensgefühl, das Erikson Vertrauen nennt.

Nach einer Zeit jedoch beginnt die notwendige Trennung von der Mutter. Ein Beispiel hierfür wäre die Entwicklung der Zähne, die der Mutter Schmerzen beim Stillen zufügen würden. Die Mutter beginnt den Säugling abzustillen und wendet sich nun auch wieder anderen Aufgaben zu, denen sie in der Versorgerphase nicht nachkommen konnte. In dieser Zeit erfährt sich der Säugling noch stückweise als eigene Persönlichkeit. Er baut sich langsam eine Ich-Identität auf.

Durch die fehlende Möglichkeit sich selbst zu versorgen, kann ein Säugling nur auf seinen Versorger hoffen. Ein ungebrochenes Vertrauen hilft dem Säugling unbeschwert diese Zeit zu bestehen, ohne Angst, von seinen Versorger verlassen zu werden.

Das Gleichgewicht dieser Krise findet sich in der Identifikation mit der Mutter, der Möglichkeit des Verstehens einer gebenden Person und dem Vertrauen auf die Bindung zwischen Mutter und Säugling. Das Misstrauen wird genährt durch das Gefühl des Verlustes. Erikson erklärt, dass parallel zu der individuellen Entwicklung des Vertrauens ein gesellschaftliches Vertrauen entsteht. Ebenso wird das individuelle Misstrauen zum gemeinschaftlich formulierten Schlechten.

Entsteht beim Säugling ein Vertrauen in seine Versorger, so entsteht gleichzeitig ein Vertrauen in den gesellschaftlichen Mechanismus, der dahinter steckt. Es entsteht ein Glaube in die Gemeinschaft.

Es hängt von der Qualität des Versorger-Kind-Verhältnisses ab, ob sich ein Urvertrauen oder ein Misstrauen gegenüber dem Leben entwickelt.

Während der oralen Phase entsteht aus dem positiv verlaufenden Wechsel von Urvertrauen und Misstrauen die Stärke der Hoffnung, die Erikson auch als die Grundtugend Hoffnung bezeichnet.

2.2.2 Das Kleinkindalter / Die muskulär-anale Phase

In dieser Phase gilt es, die Krise von Autonomie gegen Scham und Zweifel zu bewältigen. Das Kind bildet nun seine motorischen Fähigkeiten aus, indem es Gegenstände umklammert oder festhält. Das Kind entdeckt auch seinen autonomen Willen, Dinge loszulassen.

Für die Erprobung eines freien Willens ist jedoch das Vertrauen der ersten Phase Voraussetzung, was eine Sicherheit für das Kind darstellt, nicht seine Versorger durch ungeübte Schritte der Autonomie zu verlieren.

Dem Versuch, ein Gefühl von Autonomie zu entwickeln, stehen Scham und Zweifel gegenüber. Erikson beschreibt die Scham als Gefühl, sich vorzeitig und töricht bloßgestellt zu haben. In dieser Haltung entwickelt sich der Zweifel. Der Zweifel daran, das Vertrauen der Eltern zu genießen und der Zweifel an der eigenen Fähigkeit.

Innerhalb dieses Konfliktes entwickelt sich ein Abwägen zwischen Autonomie und Selbstbeschränkung ohne Verlust der Selbstachtung.

Diese Phase löst im positiven Sinne die Krise der Entfremdung von der Mutter, da das Kind einen eigenen Willen entdeckt. Dieser freie Wille wird zur zweiten Stärke. Die Grundtugend dieser Phase ist somit die Willenskraft.

2.2.3 Das Spielalter / Die lokomotorisch-genitale Phase

In der Kindheits-Phase muss die Krise von Initiative gegen Schuldgefühl überwunden werden. Sie ist gekennzeichnet durch drei wesentliche Entwicklungen des Kindes.

Erstens lernt das Kind sich freier und sicherer zu bewegen. Für seine Sinne stehen nun auch Quellen zur Verfügung, die nicht in unmittelbarer Reichweite stehen oder vom Versorger zugebracht werden.

Zweitens entwickelt sich die Sprache, die neue Eindrücke durch gezieltes Fragen, wie „Was ist das?" entstehen lassen.

Drittens lässt diese Weiterentwicklung das Erdenken bzw. Erstellen einer Phantasiewelt zu, in der sich erste entworfene Rollen wiederfinden. Durch das Gehen des Kindes, erfährt es eine neue Art der Aneignung. Das Kind kann sich auf ein Objekt zu bewegen, was Interesse in ihm hervorruft. Erst jetzt können alle Sinne dem „Erobern der Welt" dienen. Es handelt sich dabei um die Aneignung von

Wissen und greifbarer Erfahrung. Das Kind lernt nun das räumliche Fremde sowie das soziale Fremde kennen.

Ein gutes Beispiel hierfür wäre der Kindergarten, wo sich das Kind in bislang fremden Räumen bewegt und auf viele gleichaltrige Kinder trifft. Die Umgebung des Kindes vergrößert sich, in der die eigene Initiative gefördert wird. Um bei dem Beispiel des Kindergartens zu bleiben, wäre dies ein erstes Gespräch oder aktiver körperlicher Kontakt mit den anderen Kindern.

Während der Drang nach Autonomie in der zweiten Phase ggf. einen Selbstschutz vor Rivalen aufbaute, entsteht in der Initiative ein Rivalitätsgefühl allen anderen gegenüber, die schon da sind und den Raum besetzen. Diese Eifersucht und Rivalität führt zu einem Gefühl von Schuld und Angst.

Die Möglichkeiten, die das Kind in dieser Phase entdeckt, bergen die Gefahr etwas falsch zu machen, jemanden zu verletzen oder zu enttäuschen. Diese Krise löst sich auf, wenn das Kind spielerisch gelernt hat, wann die Konsequenzen der Initiative real werden. Die Entwicklung dieser Fähigkeiten und der Kontrolle der Initiative lässt Erikson eine neue Ebene der Identität formulieren. <Ich bin, was ich mir zu werden vorstellen kann.>[83]

2.2.4 Das Schulalter / Die Latenzphase

In dieser Phase gilt es, die Krise von Tätigkeit bzw. Werksinn und Minderwertigkeitsgefühl zu durchlaufen.

Das Kind beobachtet tätige Menschen um sich herum und das steigert die Neugier auf deren Rolle und die Bereitschaft, diese nachzuahmen.

Zu der bloßen Initiative der dritten Phase, diese Rollen für sich zu entdecken, tritt eine systematische Belehrung in der Schule hinzu, die die strukturellen Fähigkeiten vermittelt, eine dieser Rollen in Zukunft auszufüllen. Je spezifischer dieses notwendige Wissen ist, desto schwieriger scheint das Erreichen des notwendigen Wissens allein durch Initiative.

Das kindliche Spiel der früheren Phasen, in welchen die Grenzen des Ichs und die Möglichkeiten der Initiative entdeckt wurden, weicht einer Erfahrungswelt von Experimenten, Planungen und gemeinsamen Tun. Das positive Gefühl dieser Phase ist das Gefühl im Stande zu sein, etwas zu tun und es gut zu tun.

---

[83] Erikson, Erik H., Identität und Lebenszyklus, Suhrkamp, 1991, S. 98

Erikson nennt dieses Gefühl das „Bestätigungsgefühl". Es bezieht die zu schaffende Tätigkeit in die Rolle ein und ist Grundvoraussetzung um später selber in eine Versorgerrolle zu treten.

Das Kind erweitert sein Bezugsfeld und es treten immer mehr Menschen, z.B. Lehrer, Mitschüler, Freunde und viele andere in das Leben ein. Durch diese Erweiterung des Bezugfeldes muss nicht nur das neue strukturelle Wissen gelernt werden, sondern auch die schon bekannten Beziehungen werden neu definiert.

Einem Kind kann es unter Umständen schwer fallen, in den Bereich der Schule zu treten, da es nicht in der Lage ist, in diesem Raum ein ausreichendes Gefühl von Vertrauen (vgl. Kapitel 2.2.1) aufzubauen. Das Gefühl von Autonomie kann durch die Schulsituation als erstmals wirklich eingeschränkt empfunden werden. Die Bemühungen um Initiative werden von den Älteren, die auch gleichzeitig neue Personen in der sozialen Umwelt des Kindes darstellen, oft unterdrückt.

<Die Gefahr dieses Stadiums ist die Entwicklung einer Entfremdung von sich selbst oder von seinen Aufgaben – das wohlbekannte Minderwertigkeitsgefühl.>[84]

Treibende Kraft dieser Phase ist die Bestätigung. Neben der individuellen Entwicklung hat diese Phase auch eine entscheidende Wirkung auf die Gesellschaft. In dem vermittelten Wissen und den neu erlernten Verhaltensformen wird der technische und soziale Standard einer Gesellschaft weitergeleitet. Das Kind wird immer leistungsfähiger und bekommt eigene Aufgaben übertragen, was eine freie Übung von Geschicklichkeit und Intelligenz bei der Ausführung darstellt. Grundtugend ist das Können.

2.2.5 Die Pubertät und Adoleszenz

Die Krise der Adoleszenz ist die der Identität und Identitätsverwirrung bzw. Rollenkonfusion. In allen bisherigen Phasen war das Kind auf der Suche nach einem befriedigenden Gleichgewicht zwischen den beiden Polen der jeweiligen Krise. Bisher haben wir angenommen, dass die jeweilige Krise positiv bzw. erfolgreich abgeschlossen werden musste, um in das nächste Stadium zu gelangen.

Erikson schließt nicht aus, eine nächste Stufe der Identitätsentwicklung erreichen zu können, ohne genügend Stärken aus bisherigen Entwicklungsstufen erlang zu haben. Jedoch ist es offensichtlich, welche Schwierigkeiten in der je-

---

[84] Erikson, Erik H., Dimensionen einer neuen Identität, Suhrkamp, 1975, S. 119

weils nächsten Phase zu erwarten sind, wenn die positiven Kräfte nicht unterstützt werden.

Die Adoleszenz ist nicht durch eine neue umfassende Krise an sich gekennzeichnet, sondern vielmehr eine Aufarbeitung überwundener Krisen innerhalb eines neuen Bezugsystems. Denn Anstelle des kindlichen Milieus tritt eine umfassende Welt, mit erwachseneren und ausdifferenzierteren Ansprüchen: die Gesellschaft.

Gerade durch diese Aufarbeitung werden alle Stärken erneut benötigt, um die bisher gewonnene Identität innerhalb des neuen Bezugsystems zu unterstützen. Die Jugendzeit ist die Zeit, in der alle Krisen der Kindheit neu überarbeitet werden. Zudem erhalten sie zu den bisherigen Polen der Krise neue Komponenten. So tritt der Krise von Tätigkeit gegen Minderwertigkeitsgefühl für den Jugendlichen die Komponente Lehrzeit gegen Arbeitslähmung hinzu (vgl. unteres Schaubild). Diese Komponente entspringt der Erwachsenenwelt und muss in der Jugendkrise neu gelöst werden. Welche weiteren Komponenten hinzukommen, kann man den gelb hinterlegten Feldern des folgenden Schaubilds entnehmen:

	1	2	3	4	5	6	7	8
I Säuglingsalter	Urvertrauen/ Misstrauen				Unipolarität/ vorzeitige Selbstdifferenzierung			
II Kleinkindalter		Autonomie/ Scham und Zweifel			Bipolarität/ Autismus			
III Spielalter			Initiative/ Schuldgefühle		Spielidentifikation/ Phantasieidentitäten			
IV Schulalter				Werksinn/ Minderwertigkeitsgefühl	Arbeitsidentifikation/ Identitätssperre			
V Adoleszenz	Zeitperspektive/ Zeitdiffusion	Selbstgewissheit/ peinliche Identitätsbewusstheit	Experimentieren mit Rollen/ negative Identitätswahl	Zutrauen zur eigenen Leistung/ Arbeitslähmung	Identität/ Identitätsdiffusion	Sexuelle Identität/ Bisexuelle Diffusion	Führungspolarisierung/ Autoritätsdiffusion	Ideologische Polarisierung/ Diffusion der Ideale
VI Frühes Erwachsenenalter					Solidarität/ Soziale Isolierung	Intimität/ Isolierung		
VI Erwachsenenalter							Generativität/ Selbstabsorption	
VIII Reifes Erwachsenenalter								Integrität/ Lebensekel

Abbildung 2:

Epigenetisches Diagramm für die Stadien der Persönlichkeitsentwicklung zur Identität.
Abgeleitet von Weighardt: Die Identitätsbildung von Kindern und Jugendlichen, S. 24

Die grau hervorgehobenen Felder zeigen weiterhin die jeweiligen Pole der Krise. Erikson räumt zudem ein, dass alle Krisen immer gleichzeitig vorhanden sind, jedoch nur eine für die jeweilige Zeit typisch ist, und diese im Normalfall auch am extremsten ist. Ihre Bewältigung hat in der Phase oberste Priorität.

In der zeitlichen Zeile V zeigen sich die Komponenten jeder Krise, die später in der Adoleszenz bei der Identitätsfindung auftreten. Sie sind alle Komponenten der Krise „Identität gegen Identitätsdiffusion".

Die „verwirrte" jugendliche Identität ist auf der Suche nach den Stärken, die sie innerhalb der neuen Bezugsysteme unterstützen. Gerade in dieser Zeit scheint das Verhalten der Jugendlichen oft unangemessen und unsicher.

Betrachtet man dieses Verhalten nun auf der Grundlage der Identitätstheorie von Erikson, so muss man zu dem Schluss kommen, dass dieses Verhalten nur das Symptom der Suche nach neuer Stabilität und Kontinuität der Identität ist.[85]

Der gesellschaftliche Rahmen des Jugendlichen ist schon annähernd dem des Erwachsenen angepasst.

Anderseits sind die Verpflichtungen relativ gering. Für den größten Teil liegen die Zwänge einer Versorgerrolle noch in ferner Zukunft. Zeitliche und finanzielle Notwendigkeiten einer Familie sind noch nicht vorhanden. Allerdings sind all diese Zwänge (z.B. selbständiges Wohnen, eigene finanzielle Versorgung) dem Jugendlichen bewusst.

So wird die Jugendzeit nicht nur zu der Zeit, in der man sich mit den kindlichen Krisen auseinandersetzten muss, sondern auch zu einer Phase, in der die anstehenden Probleme des Erwachsenenalters greifbar werden.

Offensichtlich sind dies die Schwierigkeiten bei der Arbeits- oder Ausbildungssuche, und der damit verbundene Verlust diverser Freiheiten (Ausschlafen, Freunde jederzeit treffen, Nachmittage nutzen, etc.)

Hinzu kommen neue Eindrücke zwischenmenschlicher Beziehungen, das Entdecken der Intimität oder eine ernsthafte Auseinandersetzung mit der Zukunft.

---

[85] Erikson beschreibt diese jugendlichen Verhaltensformen als Symptome, die zeitlich begrenzt auftreten und die auf noch nicht ausreichend bearbeitete Krisen hindeuten. Die Existenz dieser Krisen wird nicht in Frage gestellt. Erikson geht davon aus, dass diese Auseinandersetzung bei jedem stattfindet, aber auch unbewusst ist.

Erikson ist der Auffassung, dass die Phase der Adoleszenz derart mit Entwicklungen behaftet ist, dass eine eigene feste Definition, wie jugendliche Identität funktioniert und aufgebaut ist, nicht existiert.

Wichtig ist zu wissen, dass sowohl die kindlichen wie auch die zukünftigen Krisen die Krisen der Adoleszenz sind und einer Auseinandersetzung in dieser Phase bedürfen.

Daher ist die Zeit nach der Identitätsverwirrung (nach der Jugendzeit) trotzdem ein Problemfeld der Adoleszenz.

Die fünfte Phase bringt auch das Ende der Kindheit und die aus der positiven Bewältigung erwachsene Grundtugend ist die Treue.

Der Jugendliche verfügt nun über eine eigene geschlechtsspezifische Ich-Identität im persönlichen und öffentlichen Leben oder bleibt im negativen Sinne auf der Suche nach seiner Rolle und irrt mit unfertigen Identitäten herum.

2.2.6 Das frühe Erwachsenenalter

In seiner sechsten Phase mit dem Gegensatzpaar Intimität gegen Isolierung geht es um die Bereitschaft des Jugendlichen seine eigene Identität mit der anderer zu verschmelzen.

Durch die vorige Phase besitzt der Mensch nun die Treue, d.h. dass der junge Erwachsene ohne Furcht sich selbst zu verlieren, anderen als Freund, Geliebter oder als Mitglied der Gesellschaft nahe sein kann.

Die Intimität ist die Bereitschaft, sich echten Bindungen und Partnerschaften hinzugeben und die Kraft zu entwickeln, seiner Verpflichtungen treu zu bleiben. Nicht in der fünften Phase, sondern erst jetzt, kann sich eine echte Genitalität entfalten.

Wird diese Stufe erfolgreich gemeistert, so erhält der junge Erwachsene die Grundtugend Liebe. Damit meint Erikson die Fähigkeit, Unterschiede und Gegensätze in den Hintergrund treten zu lassen.

Unter der Isolierung versteht Erikson den Ausschluss der Liebesneigung zu sich selbst, zu Freundschaften und zur Gemeinschaft. Gleichzeitig wird eine ablehnende Tendenz entwickelt, um die eigene Einsamkeit auszugleichen.

2.2.7 Das Erwachsenenalter

In der siebten Phase stehen sich zeugende Fähigkeit bzw. Generativität und Stagnation gegenüber. Als Grundtugend nennt Erikson die Fürsorge. Zeugende Fähigkeit ist das Interesse an der Schaffung und Erziehung der nächsten Generation sowie die Liebe und Aufmerksamkeit für das, was gezeugt wurde.

Erikson meint aber nicht nur die Fürsorge für eigene Nachkommen, sondern auch das Unterrichten der zukünftigen Generationen und vieles andere, was für zukünftige Generationen brauchbar wäre.

Die zeugende Fähigkeit ist somit eine wesentliche Phase des psychosexuellen wie des psychosozialen Lebensplanes. Misslingt die Entwicklung, kommt es zur Regression, Stagnation, Persönlichkeitsverarmung und Selbstverwöhnung. Hier deutet Erikson einen Sachverhalt an, ohne ihn näher zu beschreiben.

Dr. C. George Boeree nennt für diese Phase das Beispiel der Midlife Crisis, die ich an dieser Stelle kurz mit einbringen möchte:

Einige Menschen finden nicht das „gesunde Mittelmaß" zwischen Generativität und Stagnation. Während sich einzelne Personen zu viel um die soziale Gemeinschaft kümmern und somit kaum Zeit für sich selbst haben, gibt es die anderen, die sich zu viel um sich selbst kümmern und somit kein produktives Mitglied der Gesellschaft sind. Manche Menschen blicken an einem gewissen Punkt zurück auf ihr Leben und stellen sich die Frage „wozu mache ich das überhaupt?". Weil sie älter werden und nicht das erreicht haben, was sie sich früher vorgestellt hatten, geraten sie in Panik und versuchen ihre Jugend wiederzuerlangen.

2.2.8 Die Reife

Das Gegensatzpaar der letzten Phase ist die Ich-Integrität und die Verzweiflung bzw. der Lebensekel. Der Mensch wird sich seiner Endlichkeit und Zufälligkeit in dieser Welt bewusst. Die zu erlangende Grundtugend ist hier die Weisheit.

Der letzte Lebensabschnitt stellt den Menschen vor die Aufgabe, auf sein Leben zurückzublicken. Setzt sich der Mensch in dieser Phase nicht mit Alter und Tod auseinander, kann das zur Anmaßung und Verachtung dem Leben gegenüber führen.

Viele Menschen unserer Kultur bekommen den Eindruck, nicht mehr gebraucht zu werden. Manche Menschen üben nicht länger den Beruf aus, dem sie jahrelang nachgegangen sind und andere stellen fest, dass ihre Pflichten und Aufgaben als Eltern nicht länger gefordert sind.

Hinzu kommt, dass der eigene Körper nicht mehr das tun kann, was er sonst tat, sondern Alterserkrankungen auftreten. Neben der körperlichen Eingeschränktheit treten auch Gedanken an den Tod in den Vordergrund. Man wird mit zunehmendem Alter vermehrt mit sterbenden Menschen aus dem näheren Umfeld konfrontiert und man weiß, dass man selbst auch sterben wird.

Als Weisheit bezeichnet Erikson, dem Tod ohne Furcht entgegenzustehen und seinen einen und einmaligen Lebenszyklus, mit allen Fehlern und dem Glück darin, zu akzeptieren. Hat man die Grundtugend Weisheit erlangt, so hat man die Balance zwischen den Extremen der einzelnen Krisen gefunden. <Ich-Identität ist sonach für Erikson Resultat stufenweise erfolgender Integrationsleistungen seitens der sich entwickelnden Persönlichkeit.>[86]

Dr. C. George Boeree[87] schrieb der Ich-Integrität die Bedeutung zu, dass man mit seinem Leben ins Reine und damit auch mit dem Ende des eigenen Lebens zurechtkommt. Falls es nicht gelingt sein Leben zu akzeptieren, stellt sich ein Lebensekel ein. Daraus entsteht Enttäuschung und Unzufriedenheit über sein Leben.

---

[86] Reinhold, 1999, S. 269
[87] Dr. C. George Boeree ist ein Professor der Shippensburg University, der sich mit Eriksons Theorien beschäftigte. Seine übersetzte Online-Veröffentlichung kann man unter http://www.ship.edu/~cgboeree/eriksondeutsch.html einsehen.

3. Die Entwicklung der Identität nach George Herbert Mead

3.1 Ansatz zur Theorie der symbolischen Interaktion

Als erstes möchte ich die Theorie von Georg Herbert Mead zusammenfassen, der als ein Klassiker der Sozialpsychologie gilt. Er hat zwar nie selbst ein Buch veröffentlicht, doch wurde er durch einen sozialpsychologischen Kurs berühmt, den er fast 30 Jahre immer wieder in ähnlicher Weise vertrat. Erst einige Jahre nach seinem Tod 1931 wurde sein Werk mit Hilfe von studentischen Mitschriften veröffentlicht.[88]

Ich werde mich hauptsächlich auf das Buch „Geist, Identität und Gesellschaft" beziehen, in dem es unter anderem um die Kommunikation zwischen Individuen und der Entwicklung der individuellen Identität und das Gegenüber geht. Mead ist der Auffassung, dass der Mensch aktiv seine Umwelt beeinflusst, da der Mensch nicht nur auf Reize reagiert, sondern auch Reize aussendet.

<Wenn sich ein Mensch an eine bestimmte Umwelt anpasst, wird er zu einem anderen Wesen; dadurch beeinflusst er aber die Gemeinschaft, in der er lebt. Es braucht sich nur um einen geringfügigen Einfluss handeln, doch in dem Maße, wie er sich angepasst hat, haben diese Anpassungen die Umwelt, auf die er reagieren kann verändert, und die Welt ist dementsprechend anders geworden.>[89]

Mead ist der Auffassung, dass Identität permanent durch Interaktion aufgebaut wird und schließt somit die Theorie der Psychoanalyse Freuds, dass Menschen durch kindliche Prozesse vordefiniert wären, aus.

3.2 Die Interaktion

Grundvoraussetzung für Interaktion, deren Partner die Bedeutung der Aussagen des Anderen und seiner Handlungen erkennen und verstehen können, ist eine gemeinsame Basis an Interaktionsmitteln, deren Verständnis für alle Interaktionspartner gleich ist. Über das Verständnis ergibt sich im Weiteren die Möglichkeit Einfluss aufeinander zu nehmen.

---

[88] Morris, Charles W. [Hrsg.], Georg Herbert Mead. Geist, Identität und Gesellschaft aus der Sicht des Sozialbehaviorismus, 1973, Suhrkamp, S. 10
[89] Morris, 1973, S. 260

Krappmann[90] hält fest, dass die Teilnahme an Interaktion verlangt, sich auf die Erwartungen der anderen einzustellen.

<Persönlichkeit und soziales Handeln sind durch Symbole geprägt, die im Prozess der Sozialisation erworben werden und im Prozess der Interaktion von den Handelnden wechselseitig bestätigt oder verändert werden.>[91]

3.3 Zeichen, Gesten und signifikante Symbole

Zeichen, Gesten und signifikante Symbole sind Handlungen der Individuen, die eine Reaktion hervorrufen. Mead nennt die Zeichen, die nicht natürlichen Ursprungs sind, die also erst während der Sozialisation erlernt wurden, Gesten.

Eine Geste, die beispielsweise das Handheben bei einer Begrüßung sein könnte, bringt einen bestimmten Sinn zum Ausdruck.

Gesten erfüllen die Funktion, <Reaktionen der Anderen hervorzurufen, die selbst wiederum Reize für eine neuerliche Anpassung werden, bis schließlich die endgültige gesellschaftliche Handlung zustande kommt.>[92]

Zeichen hingegen sind natürlichen Ursprungs und stellen nichts anderes als Instinkte oder Reflexe dar. Die Reaktionen auf natürliche Zeichen sind sehr eindeutig und sie bedürfen keiner weiteren Auseinandersetzung mit deren Bedeutung. Abels führt für diese Aussage folgendes Beispiel an: Ein Mensch hört den Donner und zuckt unwillkürlich zusammen.

Von einem signifikanten Symbol spricht man dann, wenn die Geste beim Gegenüber den gleichen Sinn beinhaltet, wie bei einem selbst. Zum Beispiel die Sprache, die Mead auch als „vokale Geste" ansieht. Dadurch, dass Sprache bei beiden Interaktionspartnern gleich aufgenommen wird, weil der Sprechende sich gleichzeitig auch selber hört, ist der Inhalt auch für beide gleich. <Die vokale Geste ist also wichtiger als alle anderen Gesten. Wir können uns selbst nicht sehen, wenn unser Gesicht einen bestimmten Ausdruck annimmt. Aber wir hören uns selbst sprechen und sind daher zur Aufmerksamkeit fähig. (…) Die vokale

---

[90] Krappmann, Lothar, Soziologische Dimensionen der Identität, 1969, Klett Verlag, S. 40
[91] Abels, Heinz, Interaktion, Identität, Präsentation. Kleine Einführung in interpretative Theorien der Soziologie, 2001, Westdeutscher Verlag, S. 17
[92] Morris, 1973, S. 83

Geste jedoch gibt uns die Fähigkeit, auf die eigenen Reize so zu reagieren, wie andere es tun.>[93]

Sprache ermöglicht es dem Menschen auf Erfahrungen anderer zurückzugreifen. Sie ermöglicht es uns, den Anderen zu verstehen. Wir sind in der Lage, den Sinn seiner Handlungen zu erfassen.

3.4 Die Rollenübernahme

Der Mensch wechselt während der Kommunikation die Perspektive. Er hat nicht nur die Möglichkeit, das Erlebte aus seiner Perspektive zu sehen. Er wechselt gedanklich in die Person des Gegenübers. In dem er seine Handlung aus der Sicht des Anderen erfahren kann, hat er die Möglichkeit, dessen Reaktion vorwegzunehmen.

Der Mensch kann seine Handlungen auf mögliche Konsequenzen abstimmen, in dem er immer wieder überprüft, wie die Wirkung auf das Gegenüber ist. Das Gegenüber handelt daraufhin in gleicher Weise, sodass man wiederum den Sinn dieser Handlung aus seiner Sicht verstehen kann. Daraufhin überdenkt der Mensch seine Reaktion durch die Fähigkeit der Verzögerung. Die Verzögerung bedeutet, dass <der Mensch von der Geste abstrahiert und auf den darin zum Ausdruck kommenden Sinn sieht.>[94] Das Gegenüber ist mit gleicher Fähigkeit ausgestattet, was beiden Parteien bekannt ist.

Aus dem gegenseitigen Rollentausch erfährt man sein Erscheinungsbild und seine Wirkung auf andere. Der Mensch ist in der Lage, sich von einer anderen Perspektive aus zu sehen und zu bewerten sowie sein eigenes Tun und die Konsequenzen seines Handelns zu erfahren. Kurz gesagt, wird dem Menschen bei der Rollenübernahme nicht nur die Rolle des Anderen bewusst, sondern auch die eigene Rolle aus der Sicht der anderen. Erst im Perspektivenwechsel kann ein Mensch ein Selbstbewusstsein entwickeln und nur mit anderen ist es möglich, eine bewusste Identität zu bilden. So erweitert jeder Mensch mit jeder Person, mit der er interagiert, seine persönliche Identität.

Zudem häufen sich die Erfahrungen, auf die der Mensch zurückgreifen kann. Seine eigenen Erfahrungen, die der Anderen und die Erfahrungen, die im „Kollektiv" gemacht wurden.

---

[93] Morris, 1973, S. 105
[94] Abels, 2001, S. 18

Bei Mead ist der Mensch als Rollentausch-Wesen immer in zwei Seiten gespalten. Auf einer Seite existiert das „ME", welches nach den übernommenen Einstellungen handelt und auf der anderen Seite das „I", welches Antwort auf das „ME" (Antwort auf die Erwartungen der anderen) gibt, es aufbaut und verändert. R. Turner, ein Schüler von Mead, spricht von einem Wechselspiel zwischen Role-taking und Role-making. Wenn eine Balance zwischen beiden Seiten gelingt, entwickelt sich ein „Self", welches die Ich-Identität ist.

3.5 Das Spiel und der Wettkampf

In der Regel ist der erste Interaktionspartner des Kindes die eigene Mutter und die Personen, die in das Leben des Kindes treffen. Die spielerische Aneignung der Symbolik dieser Person beschreibt Mead mit den Begriffen Spiel und Wettkampf.

Er beschreibt wie ein Mensch neue Aspekte Schritt für Schritt in die eigene Identität einbaut. Innerhalb des kindlichen Spielens mit anderen Rollen treten die bisher beschriebenen Mechanismen in Kraft.

Kinder übernehmen im Spiel nur Rollen von bekannten, einzelnen, wichtigen Bezugspersonen. Diese Personen bezeichnet Mead als Doppelgänger. So lernt das Kind im Dialog nicht nur die Rolle des Anderen, sondern bekommt vielmehr ein Gefühl für die eigene Rolle. In dem das Kind im Spiel eine andere Person verkörpert, kann es sich selbst in Bezug zu dieser Person erfahren. Es entsteht bzw. besteht ein Bewusstsein darüber, wie ein Kind auf die Mutter wirkt. Es lernt, wie sein Handeln von der Mutter beurteilt wird. Dies ermöglicht dem Kind zum einen sein Handeln anzupassen und zum anderen entwickelt es die Möglichkeit selbst einmal Mutter zu werden. Es lernt die Symbolik anderer Rollen kennen. Das Spiel kann selbst gesteuert und auch jederzeit abgebrochen werden.

Wenn sich das Spiel jedoch organisiert, also an Stelle von dem Doppelgänger eine organisierte Gruppe tritt, wird es anders. Das Spielen in einem organisierten Raum nennt Mead Wettkampf.

<Der grundlegende Unterschied zwischen dem Spiel und dem Wettkampf liegt darin, dass in letzterem das Kind die Haltung aller anderen Beteiligten in sich haben muß.>[95]

---

[95] Morris, 1973, S. 196

Innerhalb der Interaktion des Wettkampfes muss der Einzelne nicht nur eine Rolle eines gewählten Anderen spielen und kennen, sondern er muss mehrere Mitspieler und ihre Positionen antizipieren. Der Gegner ist auch Interaktionspartner und seine Ziele und Handlungen müssen auch verstanden werden.

Im Wettkampf, was gesellschaftliche Spiele bzw. gemeinschaftliche Spiele sind, muss jeder die Regeln, die Handlungen und die Ziele aller in der Gemeinschaft verstehen, um ein gemeinsames Ziel verfolgen zu können. Nur dann ist es möglich, innerhalb der Gemeinschaft eigene Ziele zu verfolgen. Somit entsteht im Wettkampf das Gefühl für den Zusammenhang der Rollen in einer organisierten Gruppe. An Stelle des Doppelgängers tritt der verallgemeinerte Andere.

Im Wettkampf stellt der Einzelne fest, dass sein Handeln von den anderen abhängt. Er reagiert und agiert in gleichem Maße. Das Handeln aller Beteiligten wird organisiert und dies erfolgt im Prozess der Rollenübernahme.

Der Weg vom Doppelgänger zum verallgemeinerten Anderen ist die Erkenntnis, dass in der Gemeinschaft ein Prinzip der Haltung einer Rolle existiert.

<Ein Mensch hat eine Persönlichkeit, weil er einer Gemeinschaft angehört, weil er die Institution dieser Gemeinschaft in sein eigenes Verhalten herein nimmt. Er nimmt ihre Sprache als Medium, mit dessen Hilfe er seine Persönlichkeit entwickelt, und kommt dann dadurch, daß er die verschiedenen Rollen der anderen Mitglieder einnimmt, zur Haltung der Mitglieder dieser Gemeinschaft. (…) Eine Struktur von Haltungen bildet also eine Identität.>[96]

Während das Kind im Spiel seine Perspektive zwischen sich und dem Anderen (z.B. der Mutter) wechselt, wird im verallgemeinerten Anderen das Bild der Mutter, wie sie von der Gemeinschaft gesehen wird, als Maßstab genommen. Es entsteht ein Bild darüber, wie eine Mutter im Allgemeinen ist. Die Identität entwickelt sich immer zunehmender.

Mead definiert es als ausgereifte Identität, wenn eine Person in der Lage ist, die Rollen und Standpunkte der gesamten sozialen Gemeinschaft einzunehmen. Je größer und vielfältiger diese Gemeinschaft ist, desto detaillierter und differenzierter ist die eigene Identität.

---

[96] Morris, 1973, S. 204 ff.

4. Fazit

4.1 Eigene Schlussfolgerung

Nachdem nun die „Ich-Psychologie" von Erikson und der „symbolischer Interaktionismus" von Mead aufgezeigt wurden, können die zu Beginn gestellten Fragen beantwortet werden.

Die Identität eines Menschen entwickelt sich nur im Zusammenhang mit einer sozialen Welt und einer zwischenmenschlichen Erfahrung, also durch Interaktion.

Von Geburt an ist ein Individuum mit kommunikativen Organen ausgestattet und somit ganz auf soziale Auseinandersetzungen ausgerichtet. Erst durch das wechselseitige Aufeinanderwirken kann der Mensch seine Identität als abgrenzendes Individuum erkennen. Im Laufe des Lebens verändert sich die Identität des Menschen.

Mead ist der Überzeugung, dass sich Identität permanent mit jeder Interaktion verändert. Auch Erikson geht davon aus, dass der Mensch sich mit zunehmender Interaktionserfahrung entwickelt, sieht aber nur Wendepunkte der Identitätsentwicklung bei Vollendung der einzelnen Krisen. Dabei ist festzuhalten, dass die erlangten Grundtugenden jeder einzelnen Krise für das gesamte künftige Leben Bestand hat.

Die Frage danach, wann man über eine eigene Identität verfügt, müsste nach der Bearbeitung der beiden Theorien abgeändert werden. Überlegter müsste diese Fragestellung wie folgt lauten: Ab wann verfügt das Individuum über eine ausgereifte Identität?

Mead definiert es als ausgereifte Identität, wenn eine Person in der Lage ist, die Rollen und Standpunkte der gesamten sozialen Gemeinschaft einzunehmen. Je größer und vielfältiger diese Gemeinschaft ist, desto ausführlicher und differenzierter ist die eigene Identität.

Aus Eriksons Theorie geht hervor, dass das Individuum nach positiver Beendigung der Adoleszenz-Phase über eine eigene Ich-Identität verfügt. Diese erlangte Identität wird jedoch bis zur achten Stufe, der des „reifen Erwachsenenalters" weiterentwickelt, sodass ein Erreichen der ausgereiften Identität in einer früheren Phase ausgeschlossen werden kann.

Erst nach Beendigung der letzten Stufe verfügt der Mensch über eine ausgereifte Identität. Nach Eriksons Theorie kann man also behaupten, dass ein Individuum eine vollständig ausgereifte Identität besitzt, wenn er die Grundtugend Weisheit erlangt und das eigene Selbst erkannt hat.

4.2 Kritik an Erikson

Erikson hat mit seinem Stufenmodell ein sehr anschauliches Bild aufzeigen können, welches sogar noch in der heutigen Zeit für Identitätsarbeit eine nennenswerte Rolle einnimmt. Es ist ihm gelungen, das Freudsche Stufenmodell um kulturelle und soziale Aspekte zu erweitern und es bis zum „reifen Erwachsenenalter" weiter zu entwickeln. Trotz der breiten Perspektive, aus der er die Persönlichkeitsentwicklung beschreibt, schaffte er eine systematische Gliederung.

Eriksons Kritiker halten dieses Modell jedoch für unzureichend, da geschlechtsspezifische Auseinandersetzungen fehlen und seine Zusammenstellung nur aus seinen Beobachtungen her ermittelt wurde, die sich kaum bewerten lassen.

Wie schon oben aufgezeigt schreibt Erikson jeder Phase eine dafür typische körperliche Entwicklung, sowie die zu bewältigende Krise zu. Er spricht von Phasen, die zeitlich abgegrenzt geordnet wurden.

Durch diese „strenge" Ordnung jedoch passt nicht jeder Mensch in das Raster hinein. Sein Modell ist nicht auf jeden Menschen in gleicher Weise anzuwenden, da die Reife jedes Individuum eher durch Veränderungen und dem Einfluss der Umwelt abhängt, als von körperlichen Veränderungen.

Erikson hat die körperliche sowie geistige bzw. soziale Reife in seinen Phasen zusammengeschlossen, was auf den ersten Blick auch überzeugend scheint. Jedoch bin ich der Auffassung, dass ein Mensch auch eine Krise ohne ausreichend körperliche Entwicklung durchlaufen kann.

Das Modell von Erikson sollte also nochmals in körperliche sowie in soziale bzw. geistige Reifephasen eingeteilt werden. So würde klar erkennbar bleiben, dass sich beide Reifephasen gegenseitig beeinflussen, die Bearbeitung der jeweiligen Krise jedoch nicht notgedrungen in einem zeitlich begrenzten Rahmen stattfinden muss.

4.3 Kritik an Mead

Im Gegensatz zu Erikson hinterlässt Mead keinen systematischen Aufbau seiner Identitätstheorie. Seine Thesen lassen sich höchstens in Kategorien einordnen, die miteinander verbunden sind und nicht getrennt voneinander betrachtet werden können. So gibt es den Geist nicht ohne biologischen Körper, keine Gesten, Zeichen, signifikante Symbole ohne Geist, keine Gesellschaft ohne Mensch und letztendlich auch keine Identität.

Einige Kritiker halten die Theorie von Mead für eine Pseudowissenschaft, da er nur bei Beschreibungen bleibt und die Deutungen interpretiert werden müssen. Zudem werden Hauptbegriffe unzureichend definiert, was keine allgemeine Übertragbarkeit möglich macht. Außerdem ist bei dieser Theorie nicht gewährleistet, Reaktionen von Individuen vorauszusehen, weil Interaktion situationsabhängig verläuft.

Diesen Kritiken kann ich jedoch nicht zustimmen, da Mead es schaffte, die Identität des Menschen aus einer sehr breiten wissenschaftlichen Haltung zu betrachten. In seinen Arbeiten bezog er den gesellschaftlichen Prozess mit ein, in dem sich die menschliche Entwicklung abspielt. Er zog die biologische Ebene des gesellschaftlichen Prozesses mit ein, da er sich auf die gegenseitig beeinflussenden biologischen Organismen bezieht, in dessen Ablauf durch die Übermittlung von Gesten Geist und Identität entsteht.

Die eigene Identität besteht bei Mead aus persönlicher Identität, die sich wiederum auf die einzigartige Biographie eines Individuums bezieht, und aus der sozialen Identität, wie etwa die Zugehörigkeit zu einer Gruppe. Die Ich-Identität wird also aus der persönlichen und der sozialen Identität gebildet.

Die letztgenannte Kritik, dass die Reaktionen von Individuen nicht voraussehbar wären, da Interaktion situationsabhängig verläuft, empfinde ich nicht als Kritik sondern vielmehr als Bestätigung.

5. Literaturverzeichnis

Abels, Heinz [Hrsg.] (2001): Interaktion, Identität, Präsentation. Kleine Einführung in interpretative Theorien der Soziologie. Wiesbaden: Westdeutscher Verlag

Abels, Heinz [Hrsg.] (2004): Einführung in die Soziologie. Band 1: Der Blick auf die Gesellschaft. Wiesbaden: Verlag für Sozialwissenschaften/GWV Fachverlage

Conzen, Peter (1990): Erik H. Erikson und die Psychoanalyse. Systematische Gesamtdarstellung seiner theoretischen und klinischen Positionen. Heidelberg: Roland Asanger Verlag

Erikson, Erik H. (1991): Identität und Lebenszyklus. Frankfurt am Main: Suhrkamp

Erikson, Erik H. (1975): Dimensionen einer neuen Identität. Frankfurt am Main: Suhrkamp

Hofmann, Hubert/Stiksrud, Arne [Hrsg.] (2004): Dem Leben Gestalt geben. Erik H. Erikson aus interdisziplinärer Sicht. Wien: Verlag Krammer

Hurrelmann, Klaus/Rosewitz, Bernd/Wolf, Hartmut K. (1985): Lebensphase Jugend. Eine Einführung in die sozialwissenschaftliche Jugendforschung. Weinheim und München: Juventa Verlag

Krappmann, Lothar (1969): Soziologische Dimensionen der Identität. Stuttgart: Ernst Klett Verlag

Morris, Charles W. [Hrsg.] (1973): Georg Herbert Mead. Geist, Identität und Gesellschaft aus der Sicht des Sozialbehaviorismus. Frankfurt am Main: Suhrkamp

Oerter, Rolf/Montada, Leo [Hrsg.] (2002): Entwicklungspsychologie. Ein Lehrbuch. Weinheim (u.a.): Beltz, Psychologie-Verlag-Union

Reinhold, Gerd [Hrsg.] (1999): Pädagogik-Lexikon. München: R. Oldenbourg Verlag

Schwendtke, Arnold [Hrsg.] (1991): Wörterbuch der Sozialarbeit und Sozialpädagogik. Heidelberg und Wiesbaden: UTB für Wissenschaft

Stimmer [Hrsg.] (1994): Lexikon der Sozialpädagogik und der Sozialarbeit. München und Wien: R. Oldenbourg Verlag

Online-Literatur:

Langenscheidt: Online-Fremdwörterbuch.
http://www.langenscheidt.de/?fremdwb=krise, Abrufdatum: 10.08.2006

Weighardt, Ulrich: Die Identitätsbildung von Kindern und Jugendlichen.
http://www.foepaed.net/weighardt/identitaet.pdf, Abrufdatum: 12.08.2006

Boeree, Dr. C. George: Erik Erikson.
http://www.ship.edu/~cgboeree/eriksondeutsch.html, Abrufdatum: 25.08.2006

Erik H. Erikson – Die menschliche Stärke und der Zyklus der Generationen

Von Sandra Ruppe

2005

1. Einleitung

Erik H. Erikson ist einer der herausragendsten Psychoanalytiker des Jahrhunderts. Er wurde von Sigmund Freuds Tochter Anna ausgebildet und entwickelte die Theorien Siegmund Freuds weiter. Besonders herausragend ist seine Theorie der lebenslangen Entwicklung als Abfolge psychosozialer Entwicklungsstufen, da sie eine umfassende Entwicklungstheorie darstellt, welche bei der Geburt beginnend alles bis in das hohe Alter einschließt.

Im Gegensatz zu Freud sah Erikson die Entwicklung des Menschen im Zusammenhang mit dessen kulturellen Rahmen und sozialen Kontext und bezog dies in seine Theorie mit ein.

1.1 Eriksons Theorie

Siegmund Freud sah die menschliche Entwicklung als Prozess des Ausbildens psychischer Strukturen im Durchlaufen psychosexueller Phasen.[97] Laut Freud wird diese Entwicklung durch Konflikte zwischen den biologisch, festgelegten Trieben des Individuums auf der einen und den Interessen der Umwelt und Gesellschaft nach sozial angepasstem Verhalten auf der anderen Seite, hervorgerufen. Ziel der Entwicklung ist das Ausgleichen dieses Ungleichgewichtes und letztlich das Erreichen eines „normalen" Sexuallebens eines Erwachsenen.[98]

Erikson erweiterte und modifizierte Freuds Theorie, konzentrierte sich dabei aber mehr auf Prozesse der Sozialisation und damit auf soziale und kulturelle Einflüsse der Gesellschaft auf den Menschen. Im Gegensatz zu Freud geht Erikson davon aus, dass nicht nur die Eltern, sondern auch andere Personen und Personengruppen, wie z.B. Lehrer und Peer-Groups, Einfluss auf die Entwicklung eines Kindes nehmen. Des Weiteren sieht er eine Beziehung des wechselseitigen Einflusses in der Interaktion der Genrerationen. Während Freud deutlich machte, welchen starken Einfluss Eltern auf die Entwicklung ihrer Kinder haben, spricht Erikson von Wechselseitigkeit. Nicht nur die Eltern prägen die Kinder, sondern die Kinder verändern auch das Leben der Eltern und beeinflussen so deren Weiterentwicklung. Darauf werde ich in einem späteren Kapitel noch genauer eingehen.

---

[97] Siehe Anlage: Folie 1 (Die psychosexuelle Entwicklung)
[98] vgl. Zimbardo/Gerrig, 7. Aufl. 1996, S. 531/532

1.2 Das epigenetische Prinzip

Nach Erikson läuft die Entwicklung nach dem epigenetischen Prinzip ab. Dieses Prinzip besagt[99], dass wir unsere Persönlichkeit in festgelegten, aufeinanderfolgenden Stadien weiterentwickeln, wobei jedes Stadium seine optimale Zeit hat und das Fortschreiten von einem Stadium zum nächsten von dem Erfolg oder Misserfolg des vorangegangenen Stadiums abhängt. Jedes Stadium umfasst bei Erikson eine bestimmte Entwicklungsaufgabe psychosozialer Natur, welche er als Krise bezeichnet, die gelöst werden muss, um das nächsthöhere Stadium zu erreichen. Es ist weder möglich das Entwicklungstempo zu drosseln, noch es zu beschleunigen, vielmehr hängt es von der Individualität des einzelnen als auch von dem Charakter seiner sozialen Umwelt ab. Wenn eine Entwicklungsaufgabe gelöst und damit ein Stadium gut abgeschlossen wurde, behält das Individuum eine gewisse Tugend oder psychosoziale Stärke, welche es dann durch die weiteren Stadien begleitet.

Unter Tugend versteht Erikson „*bestimmte menschliche Qualitäten der Stärke*"[100] und leitete diesen Begriff von dem altenglischen Wort „virtue" ab, welches „*innewohnende Kraft oder aktive Qualität*"[101] bedeutet.

Wird eine Entwicklungsaufgabe jedoch nicht befriedigend gelöst, z.B. indem die Balance zwischen positiven und negativen Aspekten der Aufgabe nicht erreicht wird, kann es zu Fehlanpassungen und Verhaltensstörungen kommen, welche die gesamte weitere Entwicklung gefährden können. Ähnlich wie bei einer Rosenknospe, wo sich jedes Blatt in einer bestimmten, von der Natur genetisch vorgegeben Reihenfolge öffnet. Wird in das natürliche Ordnungsprinzip der Entwicklung eingegriffen, indem ein Blütenblatt zu früh hervorgezogen wird, kann dies die Entwicklung der ganzen Blume zerstören. Doch „*Epigenese bedeutet keinesfalls eine bloße Aufeinanderfolge*"[102], sondern wie jede einzelne körperliche, geistige und soziale Entwicklungsstufe für sich allein wichtig ist, bauen diese verschiedenen Ebenen aufeinander auf und bildet den Teil eines Ganzen, die Weiterentwicklung des gesamten Individuums.

Erikson kam zu der Erkenntnis, „dass man damit rechnen kann, dass das gesunde Kind bei richtiger Anleitung im Verlauf bedeutsamer Erfahrungen den epigenetischen Gesetzen der Entwicklung folgt, denn diese halten wichtige Interakti-

---

[99] vgl. Erikson, E.H., 1988, S. 30/31
[100] Erikson E.H., 1964, S. 101
[101] ebd., S. 101
[102] Erikson E.H., 1988, S.32

onsmöglichkeiten mit einer wachsenden Zahl von Individuen und den Sitten, die sie lenken, bereit."[103]

---

[103] ebd., S.31

2. Die menschlichen Tugenden

Nach Eriksons Acht-Stufenmodell geht die gesunde Persönlichkeit aus jeder Entwicklungsstufe auf der Suche nach der eigenen Identität, nach erfolgreich gelöster Entwicklungsaufgabe, *„immer wieder mit einem gestärkten Gefühl innerer Einheit, einem Zuwachs an Urteilskraft und der Fähigkeit hervor, ihre Sache `gut zu machen´, und zwar gemäß den Standards derjenigen Umwelt, die für diesen Menschen bedeutsam sind."*[104] Diese Weiterentwicklung bezeichnet Erikson in verschieden seiner Schriften als Grund-Tugenden[105], psychosoziale bzw. menschlichen Stärken oder Ich-Qualtiäten,[106] „welche einen jungen Menschen `qualifizieren´ sich in den Generationenzyklus einzureihen – und einen Erwachsenen ihn zum Abschluss zu bringen."[107] In den acht Entwicklungsstufen werden folgende Tugenden erworben:

2.1 Hoffnung

Die Tugend Hoffnung schreibt Erikson der ersten Entwicklungsstufe zu, welche das erste Lebensjahr bzw. die ersten anderthalb Jahre des Lebens umfassen. Daher spricht er von Hoffnung als der frühesten und unentbehrlichsten Tugend des Lebendigseins und von der kindlichsten aller Ich-Qualitäten.[108] Er definiert sie als den fortwährenden Glauben an die Erfüllbarkeit leidenschaftlicher Wünsche[109] und als ein positives Gefühl für eine vorausgeahnte Zukunft[110], welches aus dem Grundvertrauen in die Umwelt entsteht, dass das Neugeborene durch vertrauenswürdige mütterliche (bzw. elterliche) **Fürsorge** aufbaut und aufrechterhält. Hier zeigt sich auch am deutlichsten der von Erikson oft betonte wechselseitige Einfluss der Generationen untereinander, denn während die Hilflosigkeit und Abhängigkeit eines neugeborenen Kindes Mitgefühl und Zärtlichkeit und den Impuls zu ver- bzw. **„für"- sorgen** in seinen Eltern weckt, weckt deren liebevolle Zuwendung in dem Säugling die **Hoffnung**. Auch die (Eltern- bzw.) Mutterschaft stützt sich auf soziale Erfahrungen, welche durch vorherige Gene-

---

[104] Erikson, E.H. ,1995, S. 56
[105] vgl. Erikson, E.H., 1964, S. 100
[106] vgl. Erikson, E.H., 1988, S.71
[107] ebd., S.70
[108] vgl. Erikson, E.H., 1964, S.104
[109] vgl. ebd. , S.106
[110] vgl. Erikson, E.H., 1988, S.76

rationen vermittelt wurden, z.B. durch die frühen Erfahrungen der Mutter (bzw. des Vaters) selbst bemuttert worden zu sein[111].

2.2 Willenskraft

Die von Erikson als Wille bezeichnete Tugend entwickelt sich im Alter zwischen 18 Monaten und drei Jahren. Analog zu den wachsenden körperlichen Fähigkeiten wie z.B. Kontrolle der Muskulatur und verbesserte Verbalisierung, wachsen auch die Fähigkeiten des „Ichs"[112]. Hier verweist Erikson auf das epigenetische Prinzip, denn die körperliche und organische Weiterentwicklung führt auch zur psychischen Weiterentwicklung, welche durch soziale und kulturelle Einflüsse bestimmt wird.

Freud bezeichnete diese Zeit als die anale Phase und Erikson ergänzte zu der anal-muskulären Phase, da sich dem Säugling durch Reifung der Muskulatur neue Möglichkeiten wie „Festhalten" und „Loslassen" (insbesondere auch von Ausscheidungen) eröffnen, welche häufig „zum Mittelpunkt des Kampfes um die innere und äußere Kontrolle werden"[113]. (Gerade in den westlichen Kulturen wird großen Wert auf das Beherrschen der Ausscheidungsfunktion gelegt und führt zu Lob oder Tadel.) Die Kontrolle des Stuhlganges z.B. ist für ein Kind ein bedeutender Schritt in Richtung Autonomie und vermittelt erste Erfahrungen von Selbstkontrolle und Selbstwirksamkeit und natürlich auch Selbstwert. Laut Erikson kann jedoch ein Gefühl der Niederlage in dieser Phase zu tiefem Scham und Zweifel führen. Wille, so definiert er, sei die ungebrochene Entschlossenheit, *„sowohl Wahl wie Selbstbeschränkung frei auszuüben, trotz der unvermeidlichen Erfahrung von Scham und Zweifel in der Kindheit."*[114]

2.3 Zielstrebigkeit

Zielstrebigkeit ist die vitale Tugend der genital-lokomotorischen Stufe, welche das Spielalter zwischen drei und sechs Jahren umfasst. Es ist die Zeit des Spiels, des Ausprobierens und der Phantasie, denn *„das Spiel bedeutet für das Kind, was dem Erwachsenen Denken, Planen und Entwerfen bedeutet, ein versuchs-*

---

[111] vgl. Erikson, E.H., 1964, S.104
[112] vgl. Erikson, E.H., 1988, S.43
[113] Erikson, E.H., 1964, S.107
[114] ebd. S.107

weises Universum, in dem die Bedingungen vereinfacht, die Methoden forschend sind, so dass Irrtümer und Misslingen in der Vergangenheit durchdacht werden können, Erwartungen überprüft."[115] Das Kind nimmt die Rollenbilder der Erwachsenen in sein Spiel auf und probiert sich und seine Zukunft sozusagen selbst aus. Auch geschlechtsrollenspezifisches Verhalten wird, orientiert am kulturellen und sozialen Hintergrund, mit aufgenommen und bereits integriert. Laut Erikson spielt bei der Gewissensbildung in dieser Zeit das ethische Beispiel der Familie eine große Rolle, welche *„zielstrebig in familiären und wirtschaftlichen Bestrebungen vereint ist."*[116]

Das bedeutet auch sich als Teil dieser Familie zu sehen, sich nützlich zu fühlen, Verantwortung zu übernehmen und sich mit den Erwachsenen zu messen und zu vergleichen[117], um sich weiter zu entwickeln und um seine Phantasien zur Realität werden zu lassen. Darum definiert Erikson Zielstrebigkeit *„als den Mut, als wertvoll erkannte Ziele ins Auge zu fassen und zu verfolgen, unbehindert durch die Niederlagen der kindlichen Phantasie, durch Schuldgefühle und die lähmende Angst vor Strafe."*[118]

2.4 Tüchtigkeit

„Tüchtigkeit ist also der freie Gebrauch von Geschicklichkeit und Intelligenz bei der Erfüllung von Aufgaben, unbehindert durch infantile Minderwertigkeitsgefühle"[119], so definiert Erikson die Tugend des Schulalters. Er stellt fest, dass der Mensch arbeiten muss, damit die Ich-Stärken nicht schwinden und da die bisher erlangten Tugenden (Hoffnung, Wille und Zielstrebigkeit) nur eine ungenaue Zukunft vorausahnen, ist es nun die Zeit der Spezialisierung. In der Schule stellt sich heraus, was von den Phantasien der letzten Phase möglich und machbar ist, so lernt das Kind das Gefühl von Erfolg kennen. Mit jeder Entwicklungsstufe macht sich also das Kind „einen weiteren Ausschnitt seiner Kultur zu eigen"[120], d.h. es widmet sich dem Erlernen sozialer Fähigkeiten, welche die Gesellschaft von ihm erwartet. Laut Erikson werden in dieser Lebensphase in allen Kulturen Kenntnisse zum praktischen Gebrauch vermittelt. Dies ist wichtig, um Leistung

---

[115] ebd. S.108
[116] ebd. S.110
[117] vgl. Erikson, E.H., 1995, S. 89
[118] Erikson, E.H. 1964, S. 110
[119] ebd. S. 112
[120] ebd.

zu erbringen und damit ein nützlicher Teil der Gesellschaft zu werden, die Voraussetzung für ein starkes „Ich".[121] Die soziale Sphäre des Kindes weitet sich aus, es kommen Lehrer, Gleichaltrige und andere Mitglieder der Gemeinschaft hinzu, welche je nach kulturellem und sozialem Hintergrund verschiedene Funktionen innehaben (z.B. Eltern ermutigen, Peers akzeptieren). Das Kind lernt Erfolg als Ergebnis von Mühe, Eifer und Tüchtigkeit kennen.

2.5 Treue

Die Pubertät bzw. Adoleszenz bezeichnet Erikson als die Phase, in welcher der Kampf um Identität stattfindet und als psychosoziales Moratorium, *„als eine Periode, sexueller und kognitiver Reifung und gleichzeitig als ein sanktionierter Aufschub endgültiger Verpflichtungen."*[122]

Die besondere Ich-Qualität dieser Zeit nennt er Treue, „die Fähigkeit, freiwillig eingegangene Verpflichtungen trotz der unvermeidlichen Widersprüche von Wertsystemen aufrecht zu erhalten."[123] Der Jugendliche ist auf der Suche nach seinem „Ich", seinem Platz in der Gesellschaft, der ihm erlaubt, einen Beitrag zu leisten. Dabei braucht er den Austausch mit und die Bestätigung von Gleichgesinnten und stellt seine Treue, seine Loyalität und Solidarität, ideologischen Werten zur Verfügung, die ihm Kulturen, Gesellschaften oder Religionen bieten.[124] Laut Erikson liegt es hier in der Verantwortung der „erwachsenen Menschen, der bereitwillige Loyalität der Jugend Inhalt zu geben und geeignete Objekte für ihr Bedürfnis nach Ablehnung anzubieten."[125] Denn einerseits sucht die Jugend Verschmelzung und andererseits Abgrenzung. So sind gerade Jugendliche auf der Suche nach Identität anfällig dafür, sich mit einem gewissen Fanatismus Gruppen anzuschließen, die eine detaillierte Identität bieten (z.B. religiöse Kulte oder militante Gruppierungen mit totalitärer Weltvorstellung)[126] Deshalb hat Treue, nach Erikson, einen starken Bezug zum kindlichen Vertrauen der ersten Stufe und zum reifen Glauben der letzten[127], denn einerseits suchte sie Führung und andererseits folgt sie mit großem Eifer. Er mahnt die Verantwor-

---

[121] vgl. ebd. S. 112
[122] Erikson, E.H., 1988, S.98
[123] Erikson, E.H., 1964, S.113
[124] vgl. ebd. S.113
[125] ebd. S. 114
[126] vgl. Erikson, E.H., 1988, S. 98
[127] vgl. ebd. S.96

tung der Gesellschaft an, da Treue und Identität unerlässlich seien für die ethische Stärke. Es sei der Auftrag der Gesellschaft, ihrer Mitglieder und ihrer Kultur, die Kräfte der Jugend in die richtige Richtung zu lenken und dem Guten nutzbar zu machen.[128]

2.6 Liebe

Neben den vielen Formen der Liebe, die jedem Stadium des Lebenszyklus innewohnen, z.B. *„die tröstliche und angstvolle Verhaftung des Säuglings an seine Mutter"*[129], spricht Erikson von der Tugend Liebe des Erwachsenenlebens *„von der Gegenseitigkeit der Hingabe, die für immer den Antagonismus überwindet, der in der geteilten Funktion enthalten ist. Sie durchdringt die Intimität der Individuen und ist damit die Grundlage der ethischen Strebungen."*[130] Nach der Ansicht Eriksons entwickelt sich diese Liebe aus der empfangenen Liebe und Fürsorge der vorangegangenen Entwicklungsstufen und wird umgeformt in Fürsorge und Liebe des Erwachsenen, die anderen selbstlos zugewendet wird. Die bis zu diesem Stadium entwickelten kognitiven und körperlichen Fähigkeiten, sowie die psychosozialen Stärken, also die Entwicklung eines starken Identitätsgefühls, machen es nun dem jungen Erwachsenen möglich, sich durch Partnerschaft und Bindung zu verpflichten und dafür Kompromisse einzugehen und eine erwachsene Sexualität zu leben. An dieser Stelle betont Erikson den bereits von Freud erwähnten wechselseitigen Einfluss der Geschlechter aufeinander.

2.7 Fürsorge

„Fürsorge ist die sich immer erweiternde Sorge für das, was durch Liebe, Notwendigkeit oder Zufall erzeugt wurde, sie überwindet die Ambivalenz, die der unwiderruflichen Verpflichtung anhaftet."[131] Fürsorge stellt für Erikson eine wesentliche Qualität der psychosozialen Entwicklung dar, denn die Menschen im späten Erwachsenenalter sind es, die Hoffnung, Wille, Zielstrebigkeit und Können an die nachfolgenden Generationen vermitteln und damit zu deren psychosozialer Entwicklung und zur Generationenfolge beitragen. Der Mensch dieser

---

[128] vgl. Erikson, E.H., 1964, S. 114
[129] ebd. S.115
[130] ebd. S.118
[131] ebd. S. 119

Lebensphase hat „es nötig gebraucht zu werden"[132], um sich selbst weiterzuentwickeln.[133]

Fürsorge muss aber nicht immer Elternschaft sein, sondern Erikson schließt auch andere „zeugerische"[134], schöpferische, forschende oder lehrende Tätigkeiten und Fähigkeiten ein, die dem Fortbestand der Menschheit und dem Wohle zukünftiger Generationen dienen, gemeint ist eine Ausdehnung der Liebe in die Zukunft hinein. Dabei erinnert er an die ethische Verantwortung des Menschen, „seine Fähigkeiten zu unbeschränkter Vermehrung, Erfindung und Ausdehnung zu lenken und planvoll einzuschränken"[135], zum Wohle zukünftiger Generationen.

2.8 Weisheit

Erikson beschreibt den gesamten Lebenszyklus in Form eines Kreises, der sich im Alter schließt, da das Alter eine Periode relativer Hilflosigkeit ist, genau wie der Anfang.[136] Als Tugend dieser Phase nennt er die Weisheit, welche er als *„distanziertes Befaßtsein mit dem Leben selbst, angesichts des Todes selbst"*[137] definiert und meint damit einen reichen Erfahrungsschatz, der es Älteren erlaubt, *„menschliche Probleme in ihrer Ganzheit zu sehen"*[138]. Für Erikson liegt die Aufgabe der älteren Menschen darin, den nachfolgenden Generationen Antworten zu geben, sie zum Nachdenken über die Endlichkeit des Lebens anzuregen[139] und Beispiel dafür zu sein, ein Leben abzuschließen und den Tod nicht zu fürchten. Das setzt voraus, den eigenen Lebenszyklus so zu akzeptieren, wie er sich darstellt, also mit seinem Leben im Reinen zu sein und mit dem Ende des Lebens zurechtzukommen. Die ethische Aufgabe im Lebenskreislauf aller Generationen sieht Erikson darin, für die Älteren lebenswerte Bedingungen zu schaffen, um in Würde sein Leben beschließen zu können.[140]

---

[132] ebd. S. 119
[133] Negativbeispiele sind Leute, die statt Kinder Heimtiere oder sich selbst verhätscheln.
[134] Erkikson, E.H., 1964, S,119
[135] ebd. S.120
[136] vgl. ebd. S. 122
[137] ebd.
[138] ebd.
[139] Erikson, E.H., 1988, S. 80
[140] Vgl. Erikson, E.H., 1964, S. 121

3. Ethik in der Wechselwirkung der Generationen

Schon Siegmund Freud ging davon aus, dass das Über-Ich der Kinder durch das Über-Ich der Eltern geprägt wird und damit Wertvorstellungen, Normen und Traditionen von Generation zu Generation weitergegeben werden.[141] Das Über-Ich ist sozusagen der moralische Gegenspieler des ES, welches nach ständiger Bedürfnisbefriedigung, ohne Rücksicht auf Verluste und Moral, strebt. Das Über-Ich dagegen verhält sich nach dem „Moralitätsprinzip" und umfasst die im Laufe der Entwicklung übernommenen Werte- und Normvorstellungen. Es belohnt normgerechtes Verhalten und bestraft von der Gesellschaft missbilligte Wünsche und Bedürfnisse mit Schuldgefühlen. Das Über-Ich wird laut Freud zwischen dem vierten und fünften Lebensjahr ausgebildet, dies deckt sich mit Eriksons dritter Entwicklungsstufe, in der er die Entwicklung des Gewissens sieht. Erikson spricht davon, dass sich das menschliche Gewissen durch die verschiedenen Entwicklungsstadien hindurch weiterentwickelt, von einer moralischen Haltung als Kind bis hin zu einer ethischen im Erwachsenenalter, geprägt durch die Interaktion mit anderen (nachfolgenden oder früheren) Generationen. Dabei definiert er moralische Verhaltensregeln als solche, die durch Verbote und Androhung von Folgen eingehalten werden und ethische Regeln als auf höheren Idealen beruhend, denen aus der Überzeugung Gutes zu tun gefolgt werde.[142] (Diese Definition deckt sich nicht mit den Definitionen anderer Nachschlagewerke. Hier wird Ethik meist als Sittenlehre bezeichnet[143].) Auch die Entwicklung des Gewissens folgt laut Erikson dem epigenetischen Prinzip, wonach sich die moralische Neigung des Menschen in der Kindheit entwickelt[144] und er sich in der Adoleszenz durch ideologische Vorstellungen einem ethischen Standpunkt nähert. Dies wird aber erst durch die gemeinsame Entwicklung kognitiver, emotionaler und sozialer Fähigkeiten möglich.[145] Erst eine Entwicklungsstufe weiter spricht Erikson dem jungen Erwachsenen „*wahres ethisches Gefühl*"[146] zu, welches sowohl „*moralische Einschränkung und ideale Vision*"[147] umfasst. Doch damit diese Ethik heranreifen kann, muss sie von Generation zu Generati-

---

[141] vgl. Erikson, E.H., 1988, S.124
[142] vgl. Erikson, E.H., 1964, S. 200
[143] Textor, A.M., 1996, S. 89
[144] Erikson, E.H., 1964, S. 203
[145] vgl. ebd. S. 204
[146] ebd. S. 205
[147] ebd.

on weitergereicht und gepflegt werden,[148] denn die genannten moralischen, ideologischen und ethischen Tendenzen sind nach der Meinung Eriksons von der frühen Erfahrung der Wechselseitigkeit abhängig z.B. die Beziehung zwischen Mutter und Kind. (Während die Mutter dem Kind Hoffnung, und damit ein Stück Identität in der Zukunft, durch Erfüllung seiner Bedürfnisse schenkt, bestärkt es ihr Identitätsgefühl und ihre Bereitschaft zu ethischem Handeln.[149]) Doch dies ist nur der Anfang; im Verlauf der Entwicklung der Tugenden eines jeden Menschen erweitert sich der Personenkreis, mit dessen Tugenden die seinen in Wechselseitigkeit verflochten sind.[150] Darum kommt Erikson zu der Erkenntnis, die in der Goldene Regel[151] ausgedrückte moralische Regel, welche in mannigfaltigen Variationen Grundbestandteil der ethischen Vorstellungen vieler Religionen ist, nach seinen Erkenntnissen über die Entwicklung und wechselseitige Beeinflussung der Menschen umzuformen in:

„Tue einem anderen das, was sein Wachstum fördert, denn es fördert dein eigenes.[152]"

Damit appelliert er an die menschliche Vorstellungskraft, Einfühlung, Gegenseitigkeit und Folgenbewusstsein. Er macht deutlich, dass die Freiheit zu wählen, auch die Verantwortung für diese Wahl nach sich zieht.

---

[148] vgl. ebd. S. 206
[149] vgl. ebd. S. 210
[150] vgl. ebd. S. 211
[151] z.B. „Was du nicht willst, was man dir tue, das füg auch keinem anderem zu."
[152] Erikson, E.H., 1964, S. 212

4. Literaturverzeichnis

Erikson, E.H., Der vollständige Lebenszyklus, 1. Auflage, 1988 Suhrkamp Taschenbuch Verlag

Erikson, E.H., Einsicht und Verantwortung, Die Rolle des Ethischen in der Psychoanalyse, 1964, Ernst Klett Verlag

Erikson, E.H., Identität und Lebenszyklus, Frankfurt, 1995, Suhrkamp Taschenbuch Verlag

Textor, A.M., Auf deutsch, Zas Fremdwörterlexikon, 1996, Rowohlt-Verlag

Zimbardo, P.G., Gerrig, R.J., (Hrsg.) Hoppe-Graff, S., (Hrsg.) Engel, I. Psychologie, 7. neu übersetzte und bearbeitete Auflage, 1996,

Springer-Verlag

Die Bedeutung von Gruppen in den verschiedenen Lebensphasen

Von Anja Schumacher Antonijevic

2006

1. Einleitung

In Anlehnung an das Seminar „Lern-Werkstatt-Gruppe" möchte ich mich in der vorliegenden Arbeit mit der Bedeutung von Gruppen in den einzelnen Lebensphasen beschäftigen. Dabei lehne ich mich an die psychosoziale Entwicklungstheorie von Erik H. Erikson an, weil in dieser Theorie die gesamte Lebensspanne eines Menschen berücksichtigt wird und die Entwicklungsaufgaben nicht nur als von innen gesteuert betrachtet werden, sondern deutlich mit dem sozialen Umfeld einer Person zusammenhängen.

In meiner Arbeit möchte ich herausfinden, in welchen Gruppen Menschen sich im Laufe ihres Lebens aufhalten und welche Bedeutung sie für die menschliche Entwicklung haben.

Ich beginne mit Informationen zur Theorie der psychosozialen Entwicklung nach Erik H. Erikson, wobei ich zuerst eine Kurzbiografie Eriksons erstelle und danach eine kurze Hintergrundbeschreibung der Theorie. Dem folgt eine Tabelle, mit einer Einteilung der acht Lebensphasen in zehn Dimensionen, die verdeutlicht, mit welchen Widersprüchen Menschen sich in ihrer Entwicklung auseinandersetzen müssen.

Danach erkläre ich detailliert die Krisen, Entwicklungsaufgaben und Chancen bzw. Gefahren, die jede Entwicklungsstufe birgt, um tiefer in die Materie einzudringen. Ich beende dieses Kapitel mit einer Kritik an Erikson Theorie, um die Grenzen des Modells aufzuzeigen.

Im folgenden Kapitel beschreibe ich die Bedürfnisse und Fähigkeiten eines Menschen in der jeweiligen Lebensphase. Dabei arbeite ich heraus, inwiefern welche Gruppe dem Einzelnen bei der Bewältigung seiner Entwicklungsaufgaben behilflich bzw. schädlich sein kann. Abschließend ziehe ich ein kurzes Resümee, in dem ich meine Eingangsfragen beantworte.

2. Theorie der psychosozialen Entwicklung nach Erik H. Erikson

2.1 Kurzbiografie Eriksons

Erik Homburger Erikson wurde 1902 als Sohn dänischer Eltern in der Nähe Frankfurts geboren. Seine Eltern hatten sich schon vor seiner Geburt getrennt und er verbrachte seine Kindheit mit Mutter und Stiefvater. Nach dem Besuch des Gymnasiums erlernte Erikson keinen Beruf, sondern bereiste als freier Künstler Europa. Dabei entstand ein enger Kontakt mit Anna Freud, was ihn zu einer intensiven Auseinandersetzung mit der Psychoanalyse motivierte. 1929 heiratete er eine Amerikanerin, mit der er 1933 in die USA emigrierte. Dort studierte Erikson, ohne jedoch jemals einen akademischen Abschluss zu erlangen. Später nahm er verschiedene Forschungsaufträge an und arbeitete als Ethnologe und Analytiker. 1960 erhielt Erikson, trotz fehlenden Abschlusses, eine Professur in Harvard. Er starb 1994.

2.2 Die psychosoziale Entwicklungstheorie

Erikson baute seine Theorie der psychosozialen Entwicklungsstadien auf Freuds Phasentheorie auf und erweiterte sie von fünf auf acht Stufen. Während Freud sich auf die psychosexuellen Aspekte konzentrierte, fügte Erikson psychosoziale Aspekte hinzu, wodurch nicht nur die von innen gesteuerte Dimension betrachtet werden konnte, sondern auch die Interaktion mit der Außenwelt.

Nach Erikson entwickelt sich ein Mensch durch die Bewältigung altersphasenspezifischer Aufgaben. Bei positiver Bewältigung entsteht demnach Kompetenz zur Erledigung der nachfolgenden Aufgaben, bei negativer Bewältigung entsteht eine Beeinträchtigung für das weitere Leben. Jede Lebensphase enthält daher sowohl Chancen, als auch Gefahren.(zit. Zimbardo, Gerrig, 2004, S. 470)

2.3 Die acht Stufen der psychosozialen Entwicklung

Die acht Stufen finden nach Erikson in folgenden Lebensphasen statt:
- Kleinkindheit
- Frühe Kindheit
- Spielalter
- Schulalter
- Adoleszenz (Jugendalter)
- Junges Erwachsenenalter
- Erwachsenenalter
- Hohes Alter

(vgl. Flamme, 1996, S.84)

In jeder dieser Lebensphasen steht der Mensch, nach Erikson, vor einer Entwicklungsaufgabe, die als Krise oder Konflikt erlebt wird. Diese Krise muss bewältigt werden, um damit die Basis zur Bewältigung zukünftiger Konflikte zu schaffen.

2.4 Tabelle: Die acht Stufen der Entwicklung nach Erikson

Stufe	I Klein-kindheit	II Frühe Kindheit	III Spielalter	IV Schulalter	V Adoleszenz	VI junges Erwachsenenalter	VII Erwachsenenalter	VIII Hohes Alter
A Psychosexueller Fokus	Oralrespiratorisch sensorisch kinästhetisch	Analurethral muskulär	Infantilgenital lokomotorisch	Latenz	Pubertät	Genitalität	Fortpflanzung	Generalisierte Sinnlichkeit
B Psychosexuelle Modalität	Inkorporativ	Retentiv eliminativ	Intrusiv inklusiv					
C Psychosoziale Krise	Vertrauen vs. Misstrauen	Autonomie vs. Scham + Zweifel	Initiative vs. Schuldgefühl	Werksinn vs. Minderwertigkeitsgefühl	Identität und Ablehnung vs. Identitätsdiffusion	Intimität Solidarität vs. Isolierung	Generativität vs. Selbstabsorbation	Integrität vs. Verzweiflung
D Psychosoziale Modalität	Gegeben bekommen, geben	Halten - festhalten, lassen - loslassen	Tun Tun als ob (spielen)	Etwas „Richtiges" machen gemeinsam mit anderen	Wer bin ich – Wer bin ich nicht? Das Ich i.d. Gemeinschaft	Sich im anderen verlieren und finden	Schaffen, versorgen	Sein, was man geworden ist, wissen, dass man einmal nicht mehr sein wird
E Umkreis der Bezugspersonen	Mutter (primäre Bezugsperson)	Eltern	Familie	Wohngegend Schule	Eigene Gruppen, die „anderen", Führer - Vorbilder	Freunde, sexuelle Partner, Rivalen, Mitarbeiter	Gemeinsame Arbeit, Zusammenleben in der Ehe	Menschheit, Menschen meiner Art
F Zentrale Stärke	**Hoffnung**	Wille	Zielstrebigkeit	Kompetenz	Treue	Liebe	Fürsorge	Weisheit
G Kernpathologie/ elementare Apathie	Rückzug	Zwang	Hemmung	Trägheit	Zurückweisung	Exklusivität	Ablehnung	Verachtung
H Elemente der Sozialordnung	Kosmische Ordnung	Gesetz und Ordnung	Ideale Leitbilder	Technologische Elemente	Ideologische Weltsicht	Arbeits- und Rivalitätsordnungen	Zeitströmungen in Erziehung und Tradition	Weisheit
I Ritualisierte Bindung	numinos[1]	verständnisvoll	dramatisch	Formal (technisch)	ideologisch	affiliativ	generational	philosophisch
J Ritualismus	**Idolismus**[2]	Legalismus	Moralismus	Formalismus	Totalitarismus	Elitarismus	Autoritarismus	Dogmatismus

[1] Bezogen auf das Geheimnisvolle, das Göttliche

[2] Übermäßige Verehrung von Idolen oder Göttern

(vgl. Erikson, 1959 in Flamme, 1996, S.84)

2.5 Die Krisen der verschiedenen Lebensphasen nach Erikson

2.5.1. Kleinkindheit (Vertrauen vs. Misstrauen)

Umkreis der Bezugspersonen: Mutter

Psychosoziale Modalität: Gegeben bekommen, geben

Durch die positive Wechselbeziehung mit der primären Bezugsperson sollen Kleinkinder grundsätzliches Vertrauen entwickeln. Dieses Ziel kann durch enge Bindung, Wärme, Nahrung und körperliche Nähe erreicht werden. Ein Mangel daran kann Misstrauen, Angst und Unsicherheit hervorrufen. (vgl. Zimbardo, Gerrig, 2004, S. 470)

2.5.2. Frühe Kindheit (Autonomie vs. Scham und Zweifel)

Umkreis der Bezugspersonen: Eltern

Psychosoziale Modalität: Halten - festhalten, lassen – loslassen

Bei Beginn der Sprachentwicklung und der motorischen Fähigkeiten, wie z.B. dem Laufen, erhalten Kinder die Möglichkeit, ihre Umwelt zu erforschen und Objekte und Menschen zu manipulieren. Dadurch erfahren sie die Möglichkeit, Autonomie, neue Kompetenzen und ein positives Selbstwertgefühl zu erlangen. Bei Misslingen dieser Aufgabe durch unangemessene Kritik, Überforderung oder Unterforderung durch Eltern und nahe Bezugspersonen können Selbstzweifel und Scham entstehen, die Kinder entmutigen. (vgl. Zimbardo, Gerrig, 2004, S. 470)

2.5.3. Spielalter (Initiative vs. Schuldgefühl)

Umkreis der Bezugspersonen: Familie

Psychosoziale Modalität: Tun, Tun - als ob (spielen)

Wenn Kinder Vertrauen in sich und ihr Umfeld entwickeln konnten, sind sie gegen Ende des Vorschulalters in der Lage, „sowohl geistige als auch körperliche Aktivitäten zu *initiieren.*" (zit. Zimbardo, Gerrig, 2004, S. 470) Wenn Eltern und andere Bezugspersonen die selbst initiierten Aktivitäten ihrer Kinder positiv annehmen, entwickelt sich Freiheitsgefühl und Selbstvertrauen, das benötigt wird, um die folgende Phase zu bewältigen. Bei negativer Reaktion durch die Bezugspersonen können Schuldgefühle entstehen und Unfähigkeit empfunden werden. (vgl. Zimbardo, Gerrig, 2004, S. 470)

2.5.4. Schulalter (Werksinn vs. Minderwertigkeitsgefühl)

Umkreis der Bezugspersonen: Wohngegend, Schule

Psychosoziale Modalität: Etwas Richtiges machen, gemeinsam mit anderen

Bei positiver Bewältigung der vorangegangenen Krisen können Kinder im Grundschulalter systematisches Lernen entwickeln, während sie sich vorher eher zufällig ausprobiert haben. Sportliche Aktivitäten und der Schulbesuch bieten Möglichkeiten, motorische und geistige Fähigkeiten weiter auszubilden. Der Kontakt mit anderen Schülern gibt Gelegenheit zur Aneignung differenzierter sozialer Kompetenzen und die Fähigkeit zu Teamarbeit. Erfolgreiche Weiterentwicklung motorischer, geistiger und sozialer Fähigkeiten erzeugen Kompetenzgefühle und damit ein positives Selbstwertgefühl. Kinder, die in dieser Zeit Misserfolge erleben oder denen keine aktive Teilhabe ermöglicht wird, entwickeln Minderwertigkeitsgefühle und erleben sich als Versager oder Außenseiter. (vgl. Zimbardo, Gerrig, 2004, S. 470-471)

2.5.5. Adoleszenz (Identität und Ablehnung vs. Identitätsdiffusion)

Umkreis der Bezugspersonen: Eigene Gruppen, die „anderen", Führer und Vorbilder

Psychosoziale Modalität: Wer bin ich? Wer bin ich nicht? Das Ich in der Gemeinschaft.

Erikson vertritt die Meinung, dass die Krise in der Jugend identitätsbildend ist und bei erfolgreicher Bewältigung ein klares, zusammenhängendes Selbstbild ermöglicht. Dadurch kann das eigene Selbst entspannt angenommen und erlebt werden.(vgl. Zimbardo, Gerrig, 2004, S. 471)

„Alle vorausgehenden Stufen liefern Elemente, die jetzt in eins verschweißt werden müssen: Vertrauen, Autonomie, Initiative, Fleiß." (vgl. Flamme, 1996, S.88) Gleichzeitig findet eine Auseinandersetzung mit körperlichen Veränderungen, Trieben und neuen Ansprüchen des sozialen Umfeldes statt.

Bei Nichtbewältigung „kann ein Selbstbild ohne stabilen Kern entstehen" (zit. Zimbardo, Gerrig, 2004, S. 471), was dann als bruchstückhaft und diffus wahrgenommen wird.

2.5.6. Junges Erwachsenenalter (Intimität und Solidarität vs. Isolierung)
Psychosoziale Modalität: Sich im anderen verlieren und finden

Umkreis der Bezugspersonen: Freunde, sexuelle Partner, Rivalen, Mitarbeiter

Bei positiver Bewältigung der Krise dieser Lebensphase ist ein junger Erwachsener in der Lage, emotionale, moralische und sexuelle Bindungen mit anderen Menschen einzugehen, dabei auf einige persönliche Vorteile zu verzichten und Verantwortung zu übernehmen. (vgl. Zimbardo, Gerrig, 2004, S. 471) Dadurch erlangen Menschen die Fähigkeit, sich zu verlieren und im anderen wiederzufinden, was zu tiefer Intimität führen kann. (vgl. Flamme, 1996, S.89) Wenn diese Krise nicht bewältigt wird, kann die Folge Isolation und Kontaktunfähigkeit sein. (vgl. Zimbardo, Gerrig, 2004, S. 471) Beziehungen sind dabei trotzdem möglich, allerdings auf einer wenig intimen, sondern eher kühlen und berechnenden Ebene. (vgl. Flamme, 1996, S.89)

2.5.7. Erwachsenenalter (Generativität vs. Selbstabsorption)
Psychosoziale Modalität: Schaffen, versorgen

Umkreis der Bezugspersonen: Gemeinsame Arbeit, Zusammenleben in der Ehe

Im Erwachsenenalter ist die Entwicklungsaufgabe, über die eigene Person hinaus Sorge um Familie, Gesellschaft und zukünftige Generationen zu entwickeln und sich nicht nur auf sich selbst zu konzentrieren. (vgl. Zimbardo, Gerrig, 2004, S. 471) Aus positiver Bewältigung kann das Bedürfnis entstehen, anderen etwas zu geben, z.B. die Familie gut zu versorgen, in sozialen Organisationen tätig zu sein oder Hilfsbedürftigen beizustehen. (vgl. Flamme, 1996, S.90)

Falls diese Phase nicht bewältigt wird, „… stellt sich das Erlebnis der eigenen generativen Begrenzung ein, es ist das Gefühl der drohenden Stagnation." (zit. Flamme, 1996, S.90) Daraus kann Langeweile und zwischenmenschliche Verarmung resultieren. (vgl. Flamme, 1996, S.90)

2.5.8. Hohes Alter (Integrität vs. Verzweiflung)

Psychosoziale Modalität: Sein, was man geworden ist, wissen, dass man einmal nicht mehr sein wird.

Umkreis der Bezugspersonen: Menschheit, Menschen meiner Art

Wenn alle früheren Krisen bewältigt werden konnten, sind Menschen in der Lage, zufrieden auf ihr Leben zurückzuschauen und sich als Ganzes zu erleben. Falls die Entwicklungsaufgaben nicht bewältigt wurden, entsteht Unzufriedenheit, unerfülltes Verlangen, sowie Verzweiflung, Selbstabwertung und Nichtigkeit. (vgl. Zimbardo, Gerrig 2004, S. 472) Positive Bewältigung kann ein generelles Gefühl der Kameradschaft für andere Menschen erwecken, keine Bewältigung hingegen Abscheu vor sich und anderen. (vgl. Flamme, 1996, S.90)

2.6 Kritik an Eriksons Stufenmodell

Bei Eriksons Einordnung muss berücksichtigt werden, dass sie 1959 entwickelt wurde und daher nicht mehr der aktuellen gesellschaftlichen Entwicklung entspricht. Sein Modell basiert auf einer wachsenden amerikanischen Mittelstandsgesellschaft der 50er Jahre.

Ebenso unterliegen die verschiedenen Lebensphasen einer Veränderung. Eriksons Modell kann daher nicht als umfassend gültig verstanden werden und ist mit Einschränkungen zu betrachten.

3. Die Bedeutung von Gruppen in den verschiedenen Lebensphasen

3.1 Kleinkindheit

Die Entwicklungsaufgabe in der Kleinkindheit ist, neben der Entwicklung von geistigen und körperlichen Fähigkeiten, der Aufbau eines Vertrauens in sich selbst, zu anderen Personen und der Umwelt. (vgl.Hobmair,1991, S.281) Die Entwicklungsaufgaben können in diesem Alter ausschließlich in Verbindung mit anderen Personen bewältigt werden, da ein Kleinkind ohne Fürsorge nicht überlebensfähig ist. Die Art und Weise der frühen emotionalen Erlebnisse und Reizvermittlung entscheiden darüber, ob Urvertrauen oder Misstrauen ausgeprägt wird. Bei einer positiven emotionalen Versorgung entwickeln Kleinkinder einen sozialen Optimismus, der ihnen später ermöglicht, sich mit anderen Personen und Dingen einzulassen. Bei Mangel an Reizen oder Mangel an emotionaler Zuwendung entwickeln Kleinkinder sozialen Pessimismus, der den künftigen Erfahrungsgewinn behindert und sich auf die weitere Entwicklung negativ auswirkt. Der Rahmen für ein Vertrauenswachstum ist die Befriedigung kindlicher Bedürfnisse, die nicht nur auf Nahrung, Windeln, Reinigung und Kleidung beschränkt werden können.

Liebe, Schutz, Geborgenheit und unterschiedliche körperliche, sprachliche und mimische Kontakte können nur in Interaktionen mit anderen Menschen erlebt werden. Außerdem benötigen Kleinkinder Eigenkörpererfahrungen, entwicklungsfördernde Reize und eine langsame Erweiterung des Erfahrungsspielraumes (vgl. Hobmair, 1991, S.281), die sie ebenfalls nur durch Unterstützung anderer Menschen erlangen. Bloße Reduzierung der Versorgung eines Kleinkindes auf Ernährung, Reinigung und Kleidung ist nicht ausreichend und führt zu schweren Entwicklungsstörungen und Krankheiten bis hin zum Tod.

Die wichtigste Gruppe in der Kleinkindheit ist die Familie, was Erikson allerdings auf die primäre Bezugsperson begrenzt. Seit mehreren Jahrzehnten sind Gruppenerfahrungen von Kleinkindern allerdings nicht mehr nur auf die Familie beschränkt, sondern es gibt verschiedene Gruppenangebote zur Anregung und Förderung der emotionalen, geistigen, motorischen und sozialen Entwicklung, sowie der Stärkung des Vertrauens.

Mögliche Gruppenzugehörigkeit in der Kleinkindheit:

Informelle Gruppen[153]

- Familie

Formelle Gruppen[154]

- Kinderkrippe
- Heim
- Fördergruppen wie Babyschwimmkurs oder PEKiPgruppen[155]

3.2 Frühe Kindheit

Die Entwicklungsaufgabe der frühen Kindheit ist die Entwicklung von Autonomie. Kinder erleben erste Autonomie durch ihre körperliche Entwicklung und fortschreitende Körperkontrolle. Krabbeln und Laufen ermöglichen eine Erweiterung des Aktionsradius, die bewusste Kontrolle über die Ausscheidungsorgane steigert die Selbstständigkeit (vgl. Hobmair,1991, S.286-287) und die beginnende Sprachentwicklung ermöglicht effizientere Kommunikation mit der Umwelt. Die Gesamtheit der neuen Fähigkeiten ermöglicht Kindern die Erforschung ihrer Umwelt und gibt Gelegenheiten Objekte und Menschen zu manipulieren. Dadurch erfahren Kinder, dass sie ein eigenes Ich besitzen: „Das erste Erlebnis der eigenen Identität entsteht wahrscheinlich im Zusammenhang mit der Entdeckung, daß man *Pläne machen und seinen Willen dem der Umwelt entgegenset-*

---

[153] Informelle Gruppen sind genau das Gegenteil von formalen Gruppen. Sie sind beweglich und persönlich, legen keine klar definierten Rollen fest und erfüllen das Bedürfnis nach Emotionalität und Intimität.(vgl. Schütz,1989, S.17)

[154] Formelle Gruppen können u.a. Schulklassen, innerbetriebliche Arbeitsgruppen, Parteien oder Bürgerinitiativen sein. Formale Gruppen verfolgen einen bestimmten Zweck, ein Thema, ein Ziel oder Problem, welches für das Miteinander von zentraler Bedeutung ist. Die Gruppe definiert sich über eine Aufgabe, was eine eher unpersönliche Atmosphäre beinhaltet. Eine formale Leitungsfunktion, Strukturen, Rollen und Normen sind festgelegt. Dabei sind die Mitglieder austauschbar und das Problemlösungsbedürfnis steht vor Emotionalität und Intimität. .(vgl. Schütz,1989, S.16- S.17)

[155] PEKiP = Prager Eltern Kind Programm: Grundsätzliche Ziele des PEKiP`s sind die Förderung der Eltern-Kind Beziehung, Unterstützung der Entwicklung des Kindes und eine Förderung des Erfahrungsaustausches innerhalb der Elterngruppe.(vgl. Polinski, 2001, S.15) Forschungen zu Interaktionen zwischen Kleinkindern konnten sichtbar machen, dass Kleinkinder schon im 1.Lebensjahr Kind-Kind Beziehungen aufnehmen, zu Rücksichtnahme und positiver Zuwendung fähig sind, emotionale Bindungen aufnehmen und dass zwischen ihnen erste Gruppenstrukturen aufgebaut werden. (vgl. Ruppelt, 1985, S.82).

zen kann." *(*zit. Schenk Danzinger, 1988, 20.Auflage in Hobmair,1991, S.288). Daher baut sich das Ich durch die Konfrontation mit anderen Menschen auf, wobei Kinder in dieser Zeit lernen müssen, mit ihrem Hang zur Selbstständigkeit, ihren Wünschen, Bedürfnissen und den oft gegensätzlichen Normen ihres Umfeldes, sowie drohenden Gefahren umzugehen.

Gruppen, wie die Familie oder ErzieherInnen in der Krabbelgruppe, sind in dieser Zeit gefordert, neben der überlebenssichernden Erfüllung der Grundbedürfnisse eine Balance zwischen ersten Sozialisationsversuchen und der Gewährung von Autonomie zu finden. Zu strenge und nur konsequente Haltung wird von Kindern als Liebesentzug oder Liebesverlust verstanden, da sie in dieser Zeit noch nicht objektiv ihre Umwelt betrachten können und alles auf sich und ihre Fähigkeiten beziehen. (vgl. Schenk Danzinger, 1991, S.146) Totale Nachgiebigkeit von Eltern und ErzieherInnen kann hingegen zu ständigen Trotzreaktionen führen und Kinder zu kleinen Tyrannen werden lassen. (vgl. Hobmair,1991, S.289) Wenn Eltern und ErzieherInnen Kindern genügend Autonomie ermöglichen, können neue Kompetenzen und ein positives Selbstwertgefühl erlangt werden. Falls Kinder jedoch daran gehindert werden, Autonomie zu erlangen, zu oft kritisiert werden oder mit überhöhten Ansprüchen konfrontiert werden, können Selbstzweifel und Scham entstehen. Die wichtigste Gruppe in der Kleinkindheit ist die Familie, was Erikson auf die Eltern begrenzt. Falls Kinder in dieser Zeit schon eine feste Einrichtung, wie eine Krabbelgruppe besuchen, ist die Gruppenerfahrung, die dort stattfindet, ebenfalls bedeutend und prägend.

Weitere Gruppen, wie zum Beispiel die Turngruppe oder die Spielplatzgruppe, bieten Kindern die Möglichkeit, sich in einem geschützten und angemessenen Rahmen auszuprobieren, sich sprachlich, motorisch und sozial weiterzuentwickeln und autonom zu lernen, dass sie aktiv in die Welt ausgreifen dürfen, aber auch loslassen müssen.

Mögliche Gruppenzugehörigkeit in der frühen Kindheit:

<u>Informelle Gruppen</u>

- Familie
- Sandkastenfreunde

Formelle Gruppen

- Krabbelgruppe
- Heim
- Frühförderkurse
- Turngruppen
- Gruppen für musikalische Früherziehung
- Spielgruppen

3.3 Spielalter

Die Entwicklungsaufgabe im Spielalter ist die Ausbildung von Initiative. Gegen Ende des Vorschulalters sind Kinder, die Vertrauen und Autonomie entwickeln konnten, zu Personen geworden, die sowohl intellektuelle wie auch körperliche Initiative ergreifen können. Kinder haben in dieser Zeit stark an Sicherheit gewonnen, weil ihre ausdifferenzierten motorischen und geistigen Fähigkeiten stärker zusammengewachsen sind und sich eine eigene Persönlichkeit entwickelt hat.(vgl. Erikson, 1965, S.249) Sie verfügen jetzt über ein hohes Maß an Energie, sind begierig zu lernen und wollen gemeinschaftlich etwas schaffen. Dadurch sind sie in der Lage Zielstrebigkeit und Unternehmensgeist zu entwickeln, sowie geplante Aktivitäten durchzuführen. Kinder diesen Alters empfinden Vergnügen dabei, die Welt mit ihren neuen Fähigkeiten anzugreifen und für sich zu erobern. (vgl. Erikson, 1965, S.249) Ein Kind begreift in dieser Zeit, dass es ein Ich ist, „nun muß es herausfinden, was für eine Art von Person es werden will". (zit, Erikson, 1959, S.87 in Flamme, 1996, S.87) Daher werden verschiedene Rollen spielerisch ausprobiert, um herauszufinden, was übernommen werden kann, um erfolgreich zu sein, bzw. was gut und böse ist.

Kinder schießen bei der Erprobung ihrer Rollen oft über ihr Ziel hinaus und müssen daher dabei begleitet werden. Sie sollten in dieser Zeit moralische Grundlagen erlernen, was einerseits hemmend ist, andererseits aber auch Ausrichtung auf Mögliches und Greifbares ermöglicht (vgl. Erikson, 1965, S.253) Zwang und Strafen sind in dieser Phase wenig förderlich, stattdessen sollten Erziehende, die zu diesem Zeitpunkt als Ideal betrachtet werden, mit positiven Verhaltensmustern zur Nachahmung animieren. Bei gelingender erzieherischer Begleitung formt das nahe Umfeld bereits zu diesem Zeitpunkt künftiges Sozialverhalten und Moral. (vgl. Hobmair,1991, S.291) Die verschiedenen Gruppen können bei der Überwindung der Krise helfen, indem sie Kindern in einem angemessenen Rahmen mehr Verantwortung und Selbstentscheidung zugestehen, sowie Rollenerprobung ermöglichen. Familie und ErzieherInnen können als positive Beispiele fungieren, andere Kinder und Freunde sind wichtige Partner, um sich im sozialen Miteinander auszuprobieren.

Die wichtigste Gruppe ist nach Erikson in dieser Zeit die Familie, wobei heute die Kindertagesstätte und Freunde ebenfalls eine bedeutende Position einnehmen. Falls Kinder in dieser Entwicklungsphase gehemmt werden, können Schuldgefühle entstehen, die Hemmungen und Rückzug verursachen.

Mögliche Gruppenzugehörigkeit in der Spielzeit:

Informelle Gruppen

- Familie
- Freunde
- Nachbarn

Formelle Gruppen

- Kindergarten
- Sportvereine, wie Turnverein oder Schwimmgruppe, aber auch erste spezielle Sportvereine, wie z.B. Fußballclubs
- Kulturelle Gruppen wie z.B. Malgruppen, Musikgruppen oder Tanzgruppen
- Religiöse Gemeinschaften
- Fördergruppen, wie z.B. Lerngruppen zur Sprachförderung bei Migranten, Förderung der Motorik oder Selbstbehauptungskurse
- Lerngruppen, wie z.B. Frühenglischkurse

3.4 Schulalter

Die Entwicklungsaufgabe im Schulalter ist Erlangen von Werksinn, bzw. Leistung. Es ist alterstypisch, dass Kinder jetzt begierig werden, ernsthafterwachsene Dinge zu lernen, an der symbolischen Realität der Erwachsenenwelt teilzuhaben (z.B. Lesen, Schreiben) und ihre bereits vorhandenen Kompetenzen ständig zu erweitern. Durch den Wunsch, auch aufgrund der eigenen Leistung anerkannt zu werden entsteht Fleiß (vgl. Flamme, 1996 S.87- 88) und eine systematische Vorgehensweise. Schulkinder entfernen sich immer mehr der Phantasiewelt und beginnen, die Eigendynamik der Dinge zu erkennen. Das zeigt, wie stark sie sich nun der Außenwelt zuwenden, um an der Realität (der Erwachsenen) teilzuhaben und die Welt für sich erobern zu können. Freundesgruppen und Gleichaltrigengruppen erlangen hohe Bedeutung, weil sie Schutz bei der Hinwendung zur Außenwelt bieten und weil in ihnen Teamarbeit und der Umgang mit sozialen Fähigkeiten geübt werden können. Die Klassengruppe, angeleitet durch Lehrer, sollte Schulkindern die Möglichkeit bieten, grundlegende Arbeitshaltungen und Sozialverhalten zu lernen. Durch geführte Freiheit, Angebote, Erarbeitung von Regeln und Bereitstellung von Strukturen, kann dafür eine Basis geschaffen werden. Dabei ist ermutigendes Verhalten durch Familie und Lehrer von höchster Bedeutung.(vgl. Fend, 2005, S.405 406) Nicht bewältigte Krisen und Entwicklungsverzögerungen fallen oft erst in der Schulzeit auf; dann sollten Kinder beispielsweise durch Fördergruppen zu einer bedeutsamen Rolle geführt werden(vgl. Erikson, 1965, S.254), die allerdings nicht nur einseitig auf das zukünftige Funktionieren in der Arbeitswelt ausgerichtet sein darf. Gute schulische und sportliche Leistungen, sowie Anerkennung und Zugehörigkeit in Klasse oder Sportverein werden von Kindern als Erfolg erlebt und fördern Kompetenzgefühle und ein positives Selbstwertgefühl. Natürlich können aus verschiedenen Gründen Misserfolge vorkommen, wie Schulversagen, Unsportlichkeit und fehlende soziale Anerkennung. Dadurch können Kinder Ausgeschlossenheit erleben, wodurch sie zu Zuschauern statt Akteuren werden, was dann wiederum zu Minderwertigkeitsgefühlen und Versagensangst führen kann. (vgl. Zimbardo, Gerrig, 2004, S. 470)

Die wichtigsten Gruppen in dieser Zeit sind Familie, Schule und Freunde, wobei Erikson hier Wohngegend und Freunde benennt.

Mögliche Gruppenzugehörigkeit im Schulalter

<u>Informelle Gruppen</u>

- Familie
- Freunde
- Peers
- Nachbarn

Formelle Gruppen

- Hort, Nachmittagsbetreuung
- Lerngruppen, wie Schulklasse, Fremdsprachelehrgänge oder bestimmte Arbeitsgemeinschaften
- Sportgruppen, unterschiedliche Sportarten wie Schwimmen, Judo, Fußball, Hockey, Reiten, usw.
- Kulturelle Gruppen, wie z.b. Malgruppen, Musikgruppen oder Tanzgruppen
- Religiöse Gemeinschaften, wie Kinderkirche oder Kindergruppe in der Kirche
- Fördergruppen wie z.b. Nachhilfe, Ausländerförderung, Förderunterricht, Forderunterricht, Sportförderung, Tagesgruppen für Kinder mit Anpassungsproblemen, Therapiegruppen
- Erste „politische" und soziale Gruppen, wie Klassensprechertreffen oder Streitschlichterschulung

3.5. Adoleszenz

Da Erikson sowohl Pubertät als auch Adoleszenz, unter dem Begriff der Adoleszenz einordnet, möchte ich eine Definition der beiden Begriffe voranstellen. Pubertät und Adoleszenz sind zu unterscheiden, was sich u.a. darin äußert, dass in der Pubertät vorrangig eine innere Auseinandersetzung und in der Adoleszenz primär eine Auseinandersetzung mit der Gesellschaft stattfindet.

3.5.1. Definition Pubertät

„**Pubertät** (=P.) [lat. *pubertas* Mannbarkeit], der Zeitraum im Entwicklungsverlauf, während dem sich die sekundären Geschlechtsmerkmale und die Geschlechtsreife sowie ein Übergang zur geistig selbstständigen Individualität einstellen. An Merkmalen werden genannt: Stimmungs- und Gefühlsschwankungen, Neigung zu Reflexion, Kontaktscheu, Hervortreten einzelner Überwertigkeiten, Negativismus, aktive Auseinandersetzung mit der Wertwelt des Erwachsenen..." (zit. S.771-772)

3.5.2. Definition Adoleszenz

„**Adoleszenz** [lat. *adolescere* heranwachsen], das Jugendalter nach eingetretener Geschlechtsreife, aber noch nicht abgeklungener ps.→ Pubertät. Periode der Nachpubertät mit zunehmender Persönlichkeitsreifung..." (zit. S.10)

3.5.3. Die Bedeutung der Gruppe im Jugendalter

Die Aufgabe in dieser Stufe ist die Findung der eigenen Identität

Jugendliche müssen sich in dieser Zeit mit körperlichen Veränderungen, Trieben und neuen Ansprüchen des Umfeldes auseinandersetzen, wobei die vorhergehenden Bewältigungen, Vertrauen, Autonomie, Initiative und Fleiß, zusätzlich miteinander verschweißt werden müssen. (vgl. Flamme, 1996, S.88) Bei positiver Bewältigung entsteht dann ein klares, zusammenhängendes Selbstbild, welches ermöglicht, das eigene Selbst entspannt anzunehmen und zu erleben.(vgl. Zimbardo, Gerrig, 2004, S. 471) Diese Bewältigung gelingt nur durch Auseinandersetzung mit der Gruppe, weil Jugendliche das Bedürfnis haben, dass ihr Selbstbild auch von anderen akzeptiert und angenommen wird. Darum suchen und versuchen sie Identitäten in verschiedenen sozialen Rollen, indem sie z.B. Partnerbindungen eingehen, Jugendgruppen besuchen, politisch tätig werden usw. (vgl. Flamme, 1996, S.88) Gleichzeitig müssen phantasierte Vorstellungen aus der Kindheit in realistische Bahnen gelenkt werden und neu integriert werden. Dabei werden Idole und Ideale entwickelt, an die geglaubt werden kann, um eine Zukunftsperspektive aufzuzeigen. (vgl. Fend, 2005, S.406-407) Das beinhaltet gleichzeitig, dass Jugendliche sich langsam von ihrer Familie abwenden und ihren Platz in der Gesellschaft suchen. Die Abwendung von der Familie hin zur Gesellschaft ist oft schwierig, weil die Familie als Gruppe dazu neigt, sich zu schließen, um neue Verbindungen zu verhindern, alte Abhängigkeiten zu verstärken und dabei gewohnte Geborgenheit zu geben.

Trotzdem wandelt sich in der Pubertät die Bedeutung der Familiegruppe hin zu Freundes- und Peergruppen, die bei der Akzeptanz der körperlichen Entwicklung, beim Erwerb einer elternunabhängigen Identität und dem Finden der männlichen bzw. weiblichen Sozialrolle hilfreich sind. Peergruppen geben die Möglichkeit zum Ausprobieren, Halt beim Ausstieg aus der Familiengeborgenheit und die Möglichkeit, neue, innovative Lebenspläne mit Gleichaltrigen zu erarbeiten.

Die Ursprungsfamilie hat die Aufgabe, einen Jugendlichen bei der Loslösung nicht zurückzuhalten, sondern ihn zu unterstützen und zu begleiten, ohne ihn dabei übergangslos ins Erwachsenenleben zu katapultieren.

Schule, Eltern, Soziale Institutionen usw. sind zudem gefordert, Räume bereit zu stellen, in denen Jugendliche die Möglichkeit erhalten, sich auszuprobieren oder Beratung zu erhalten.

Wenn Jugendliche sich mit ihrer Geschlechtsrolle, ihrem körperlichen Wachstum und ihrer Vorstellung einer eigenen Identität auseinandergesetzt haben, wenden sie sich verstärkt nach außen, um eine gesellschaftliche Identität aufzubauen. Peers und Freunde haben u.a. eine Schutzfunktion, geben Halt und helfen bei der Orientierung in Sinn- und Wertfragen, sowie beim Erwerb gesellschaftlicher und politischer Identität. Familie, Schule und Sozialarbeit können in dieser Zeit hilfreich sein bei der Schaffung von Voraussetzungen für zukünftige wirtschaftliche Existenz.

Wenn die Schaffung einer eigenen Identität nicht bewältigt wird, „...kann ein Selbstbild ohne stabilen Kern..."(zit. Zimbardo, Gerrig, 2004, S. 471) und Rollendiffusion entstehen.

Die Gefahren in dieser Zeit können u.a. sein:

Flucht in negative Identität, bzw. Pseudoidentität (Wahl des Gegenteils von dem, was andere erwarten. Keine Auseinandersetzung mit verschiedenen Positionen versuchen, sondern einfach anders sein.)

Arbeitslähmungen : Störung der Identität begleitet von Arbeitsstörungen, die aus unrealistischen Forderungen an ein mögliches Ich Ideal resultieren

Überidentifikation mit Eltern und Erwachsenen

Festgefügte Ideologien und Vorurteile usw. (vgl. Fend, 2005, S.406-407)

Mögliche Gruppenzugehörigkeit im Jugendalter

<u>Informelle Gruppen</u>

- Peergruppen
- Freunde
- Familie

Formelle Gruppen

- Lerngruppen, wie Schulklasse, Arbeitsgemeinschaften, Studentengruppen
- Sportgruppen, unterschiedliche Sportarten, neue Sportarten, wie Fun- und Extremsport
- Kulturelle Gruppen
- Religiöse Gemeinschaften (Konfirmationsgruppe)
- Fördergruppen wie z.b. Nachhilfe, Förderunterricht, Forderunterricht, Tagesgruppen, Therapiegruppen
- Politische Gruppen, in Parteien und in Bürgerinitiativen, politische Tätigkeiten an Universität oder Schule
- Soziale Gruppen, wie freiwillige Sozialdienste, Übungsleiter oder Betreuer für Kinder und Jugendgruppen
- Berufsgruppen
- Zwangsgruppen wie Bundeswehr
- Kriminelle Banden
- Sonstiges wie z.B. Fahrschule

3.6. Junges Erwachsenenalter

Die Entwicklungsaufgabe in diesem Alter ist das Erlernen von Intimität und Solidarität.

Wenn in der Jugendzeit eigene Identität entwickelt wurde, ist das die Basis, um nun Gemeinschaft und Intimität mit anderen Menschen zu erleben, ohne sich zu verlieren oder zu separieren. (vgl. Zimbardo, Gerrig, 2004, S. 471) Diese Stabilität ermöglicht die Fähigkeit, Verantwortung zu übernehmen und die Bereitschaft, auch gelegentlich auf persönliche Vorteile zu verzichten. Bei positiver Bewältigung der Krise ist ein junger Erwachsener zudem in der Lage, intensive sexuelle Bindungen mit anderen Menschen einzugehen.

Die wichtigsten Gruppen in dieser Zeit bestehen aus Freunden, Partnern, Kollegen, Kommilitonen usw. Sie dienen dazu, eigenes Wohlbefinden durch Intimität und Solidarität mit anderen zu erleben (vgl. Zimbardo / Gerrig, 2004, S.484), während gleichzeitig an einer gemeinsamen Zukunft gearbeitet wird. Des Weiteren bieten diese Gruppen Unterstützung bei der Erweiterung von Kompetenzen und der Überprüfung, ob gewählte Wege auch richtig sind. Die Ursprungsfamilie wird unbedeutender, während die eigene Familie, bzw. der Beruf in den Vordergrund rückt. Statt der Familie sind Freunde und Peers hilfreich bei der Bewältigung des Alltags und ermöglichen befriedigende soziale Kontakte. Falls Kinder geboren werden, erlangen für den betreuenden Elternteil oft neue soziale Gruppen, wie Eltern/Kind Gruppen an Bedeutung, da sie Isolation durch den Verlust der Berufstätigkeit erleben.

Die Gefahr in dieser Phase ist einerseits das Fehlen intimer und vertrauensvoller Beziehungen, oder Beziehungen, die gleichzeitig intim und kämpferisch sind, was zu innerer Einsamkeit führen kann.

Durch den Wandel der gesellschaftlichen Verhältnisse, mit einer Verlängerung der jugendlichen Phase, kann die Stufe des jungen Erwachsenenalters nicht auf eine bestimmte Altersgruppe festgelegt werden. Durch die gewachsene gesellschaftliche Pluralität und die Unsicherheit in der Arbeitswelt kann auch nicht davon ausgegangen werden, dass sich in dieser Phase die von Eriksons angenommene Verantwortung in jedem Fall entwickeln kann.

Mögliche Gruppenzugehörigkeit im jungen Erwachsenenalter:

<u>Informelle Gruppen</u>

- Eigene Familie
- Freunde
- Peers
- Ursprungsfamilie
- Schwiegerfamilie
- Nachbarn

<u>Formelle Gruppen</u>

- Berufsgruppen
- Lerngruppen: Kommilitonen, Arbeitsgemeinschaften, Weiterbildung
- Fördergruppen wie z.B. Therapiegruppen, Selbsthilfegruppen
- Sportgruppen
- Politische und soziale Tätigkeiten
- Eltern/Kindgruppen

3.7 Erwachsenenalter

Die Entwicklungsaufgabe im Erwachsenenalter ist das Erlernen von Generativität.[156]

„Der reife Mensch hat ein Bedürfnis danach, daß man seiner bedarf und die Reife braucht sowohl die Führung wie die Ermutigung durch das, was sie hervorgebracht hat, und für das gesorgt werden muß." (zit. Erikson,1965, S.261) Wenn im jungen Erwachsenalter Intimität und Solidarität verinnerlicht wurden, ist der erwachsene Mensch daher in der Lage, die daraus entstandene Verantwortung auszuweiten auf die Gesellschaft und zukünftige Generationen. Das Bedürfnis, gebraucht zu werden und etwas Bleibendes zu vermitteln, kann in der Familie, in wohltätigen Organisationen, in politischen Gruppen, in den familiennahen Institutionen, im Beruf usw. umgesetzt werden. Aber auch hier muss ein Wandel der gesellschaftlichen Verhältnisse berücksichtigt werden, denn manche Menschen bekommen erst bei Beginn dieser Phase Nachwuchs, während andere sich damit auseinander setzen müssen, dass ihre Kinder bereits ausziehen, wieder andere bleiben kinderlos oder werden schon Großeltern. In der Arbeitswelt ist in dieser Zeit sowohl das Ende der Karriere, wie auch eine weiterführende Ausbildung oder sogar eine Neuorientierung möglich. Schließlich müssen Menschen dieser Altersgruppe sich damit auseinandersetzen, dass sich die Lebensperspektive verschiebt und das das Leben, das vor ihnen liegt, nun kürzer ist, als das, was hinter ihnen liegt. Das zeigt sich u.a. an eigenen physiologischen Veränderungen, beim Tod der eigenen Eltern oder beim Rollenwechsel mit den alternden Eltern.

Menschen in dieser Lebensphase sind einerseits für Familie, Gesellschaft und zukünftige Entwicklungen verantwortlich, müssen sich gleichzeitig auch mit inneren und äußeren Veränderungen auseinandersetzen. Daher sind Freunde, Peers und Kollegen in dieser Zeit als Halt und Unterstützung von großer Bedeutung.

Falls diese Phase nicht bewältigt wird, neigen Menschen dazu, sich auf sich selbst zu konzentrieren, was zu Selbstabsorption und Orientierung nur an eigener Befriedigung führen kann. (vgl. Fend, 2005, S.407) Erikson weist darauf hin, dass die ausschließliche Befassung mit sich selbst sogar zu früher körperlicher oder psychologischer Invalidität führen könne. (vgl. Erikson,1965, S.263)

Mögliche Gruppenzugehörigkeit im Erwachsenenalter:

---

[156] generativ, Fortpflanzung betreffend

Informelle Gruppen
- Eigene Familie
- Freunde
- Peers
- Restursprungsfamilie
- Nachbarn
- Restschwiegerfamilie

Formelle Gruppen
- Berufsgruppen
- Lerngruppen: Arbeitsgemeinschaften, Weiterbildung
- Fördergruppen wie z.B. Therapiegruppen, Selbsthilfegruppen
- Sportgruppen
- Kulturgruppen
- Religiöse Gemeinschaften
- Politische und Soziale Gruppen
- Eltern/Kindgruppen

3.8 Hohes Alter

„Eine der wichtigsten Aufgaben für den älteren Menschen besteht darin, einen Sinn im Leben zu finden und das Vergangene mit dem Gegenwärtigen und dem, was für die Zukunft bleibt, in Verbindung zu setzen; nur so kann er seine letzte Lebensstufe gefaßt und ohne Verzweiflung erwarten und seine Existenz als sinn- und wertvoll für sich, seine Familie, seine Freunde und seine Gesellschaft betrachten." (zit. Lowy in Lowy, Ferrari, Tine, Rank, 1971, S.7-8)

Die Aufgabenbewältigung im hohen Alter beinhaltet die Entwicklung einer neuen sozialen Rolle, die in Verbindung mit anderen Menschen gesetzt werden muss, wobei alte Wertsysteme neu bestimmt werden. Bei positiver Bewältigung entwickeln alte Menschen ein Gefühl der Integrität, vollenden ihre Entwicklung, werden ein Ganzes und setzen sich grundlegend mit System, Ordnung und Sinn der menschlichen Existenz auseinander. (vgl. Lowy in Lowy, Ferrari, Tine, Rank, 1971, S.7-8). Das ist ein hoher Anspruch, weil alte Menschen gleichzeitig mit vielen Verlusten konfrontiert werden, wie mit dem Verlust von Familienmitgliedern, Freunden und Bekannten, wobei sie oftmals keine Möglichkeit finden, die alten Bindungen durch neue zu ersetzen. Die Folge kann Isolation, Vereinsamung und ein Gefühl von Bedeutungslosigkeit sein. Dazu gesellt sich Angst vor körperlichem und geistigem Abbau (vgl. Lowy in Lowy, Ferrari, Tine, Rank, 1971, S.19), Furcht vor Zukunftslosigkeit und einem immer näher rückenden Tod.(vgl. Lowy in Lowy, Ferrari, Tine, Rank, 1971, S.20) Eine weitere Problematik sind Rollenverluste und eine Rollenumkehrung innerhalb der Familie, die heftige Generationenkonflikte hervorrufen können. Viele alte Menschen fühlen sich abgeschoben, vernachlässigt, zurückgewiesen und unerwünscht; auch wenn sie fest integriert sind, verlieren sie ihre Rolle als Führer, Leiter oder Haushaltsvorstand.(vgl. Lowy in Lowy, Ferrari, Tine, Rank, 1971, S.18-19) Die Rolle als nützliches Glied der Gemeinschaft, meist über Arbeit definiert, entfällt ebenfalls und ist mit Kontaktverlust zu Kollegen und gesellschaftlichen Verbindungen, die mit Arbeit zusammen hängen, verknüpft. (vgl. Lowy in Lowy, Ferrari, Tine, Rank, 1971, S.18),

Ein Umzug in ein Alters- oder Pflegeheim, der mit der Trennung von Wohnung, Besitz, freier Verfügung über eigene Finanzen, Familie und Freunden verbunden ist, kann traumatisch werden und ruft bei vielen Menschen einen Prozess der Selbstabwertung herbei. (vgl. Ferrari in Lowy, Ferrari, Tine, Rank, 1971, S.47)

In diese Zeit vielfältiger Verluste und eines ständigen Kräfteabbaus benötigen alte Menschen demnach neu zu schaffende Ressourcen, die die Bewältigung der Entwicklungsaufgabe unterstützen. Diese Ressourcen können sie nur erwerben, wenn grundlegende Bedürfnisse und Wünsche erfüllt werden, die Tibbits zusammengefasst hat:

- einen gesellschaftlich nützlichen Dienst ausüben
- als Teil der Gemeinschaft angesehen werden
- die größere Freizeit auf befriedigendere Weise ausfüllen
- sich normaler Kameradschaft erfreuen
- als Individuum angesehen werden
- die Möglichkeit zur Selbstdarstellung haben
- gesundheitlichen Schutz und Vorsorge genießen
- angemessene geistige Anregung erhalten

- in befriedigenden Wohnverhältnissen leben und familiäre Beziehungen haben
- seelische Befriedigung haben

(vgl. Tibbits, 1960, S.467 in Lowy in Lowy, Ferrari, Tine, Rank, 1971, S.7-8)

Diese Wünsche unterscheiden sich nicht von denen anderer Lebensphasen, sind aber besonders wichtig als Rahmen für die Entwicklungsaufgaben dieses Alters.

Dabei gibt die Gesellschaft alten Menschen nur wenig Unterstützung bei der Bewältigung der inneren seelischen Krisen; es wird oftmals eine problemlose Anpassung an die Veränderungen erwartet, obwohl nur wenige Menschen auf den Wechsel vorbereitet sind. Während z.B. für Jugendliche Sozialisierungsmittel bereitgestellt werden, die die Krise begleiten, erfahren alte Menschen meist einen plötzlichen Rollenbruch. (vgl. Lowy in Lowy, Ferrari, Tine, Rank, 1971, S.15)

Wie alle Menschen reagieren auch alte Menschen auf Belastungssituationen, indem sie zu Kampf, Flucht, Abhängigkeit und/oder Gemeinschaft als Bewältigungsstrategie greifen. (vgl. Lowy in Lowy, Ferrari, Tine, Rank, 1971, S.31) Da die Möglichkeit zu Gemeinschaft durch mangelnde Mobilität, Krankheit, Verluste und fehlende institutionelle Anpassungshilfen verwehrt bleibt, zeigen alte Menschen oft Reaktionen, wie Bekämpfung der Abhängigkeit, Rückzug in die Isolation und/oder Versuche, die Liebe der Familie zu erzwingen. Die daraus resultierenden Wirkungen erweisen sich als belastend für alte Menschen und ihr Umfeld, so dass die Situation sich weiter verschlechtert und die Bewältigung der Krise gefährdet ist. Gemeinschaft und Gruppenteilhabe würde alten Menschen die Möglichkeit erschließen, die Bedürfnisbefriedigung zu erlangen, die sie benötigen, um Kraft zur Bewältigung ihrer Entwicklungsaufgabe zu schöpfen.

Allerdings werden Gruppenerlebnisse in diesem Alter erschwert, weil durch Todesfälle, sinkende Mobilität und Umzug in Altersheime soziale Kontakte stark reduziert werden. Gruppen in Altersheimen, Pflegeheimen und Krankenhäusern können zu Zwangsgruppen werden und der bloßen Bewahrung dienen, wenn keine institutionelle Hilfen stattfindet.

Möglichkeiten, über Gruppen Unterstützung zu finden, in die Zukunft zu schauen und Bedürfnisse zu stillen, finden sich in der Familie, in der Nachbarschaft und bei Freunden. Gesellschaftlich nützliche Dienste können, solange noch genügend Mobilität besteht, über ehrenamtliche Tätigkeiten, politisches Engagement und Selbstverwaltung z.B. in Kirchen, Heimen, Vereinen und im Stadtteil ausgeübt werden. Freizeittätigkeiten können in Tageszentren, in Kunst-, Theater-Musikgruppen, Sportvereinen oder Reisegruppen ausgeübt werden. Therapie- und Selbsthilfegruppen, sowie Gesprächskreise ermöglichen Nähe und in Kursen z.B. der Tageseinrichtungen können neue Fähigkeiten erworben werden. Reha- oder Kurkliniken ermöglichen gesundheitlichen Schutz und Vorsorge.

Bei zunehmendem Abbau der körperlichen Kräfte sind alte Menschen allerdings auf die Unterstützung verschiedener informeller und formeller Gruppen zur Überlebenssicherung angewiesen

Mögliche Gruppenzugehörigkeit im Hohen Alter:

Informelle Gruppen

- Restliche eigene Familie
- Restliche Freunde
- Restliche Peergruppen
- Restschwiegerfamilie
- Restursprungsfamilie
- Restliche Nachbarn
- Selbsthilfegruppen

Formelle Gruppen

- Lerngruppen Erwachsenenbildung
- Sportgruppen
- Kulturelle Gruppen
- Religiöse Gemeinschaften
- Fördergruppen wie z.B. Therapiegruppen und Selbsthilfegruppen
- Politische Gruppen
- Soziale Gruppen
- Institutionellen Gruppen, z.B. im Altersheim, Pflegeheim, Tageszentrum, Krankenhaus, Reha- oder Kurklinik

4. Literatur:

Erdheim, M.: Die Gruppe im Spannungsfeld zwischen Sozialisation und Nachsozialisation in Leber, A./ Trescher, H.G./ Büttner, C. (Hrsg.): Die Bedeutung der Gruppe für die Sozialisation, Kindheit und Familie, Göttingen, 1985

Erikson, E.H.: Kindheit und Gesellschaft, Stuttgart, 2.Auflage, 1965

Fend, H.: Entwicklungspsychologie des Jugendalters, Wiesbaden, 3.Auflage, 2005

Flamme: Entwicklungstheorien, Bern, 2. Auflage, 1996

Hobmaier, H.: Psychologie, Köln/München, 1991

Lowy, L./ Ferrari, N.A./ Tine, S./ Rank, B.J.: Der ältere Mensch in der Gruppe, Freiburg im Breisgau, 1971

Polinski, L.: PEKiP Spiel und Bewegung mit Babys, Hamburg, 2001

Ruppelt, H.: Zur Bedeutung von Gleichaltrigen-Gruppen im ersten Lebensjahr in Leber, A./ Trescher, H.G./ Büttner, C. (Hrsg.): Die Bedeutung der Gruppe für die Sozialisation, Kindheit und Familie, Göttingen, 1985

Schank-Danzinger, L.: Entwicklungspsychologie, Wien, 21.Auflage, 1991

Schütz K.V.: Gruppenforschung und Gruppenarbeit, Theoretische Grundlagen und Praxismodelle, Mainz, 1989

Zimbardo, P.G. / Gerrig, R.J.: Psychologie, München, 16.Auflage, 2004

Sekundärliteratur:

C. Tibbitts (Hrsg.): Handbook of Social Gerontology, Chicago, 1960

Internet:

Internet 1: http://www.mypage.bluewin.ch/hoepf/fhtop/fhmidage1.html : Höpflinger, F. / Perrig-Chiello, P.: Mittleres Erwachsenenalter im gesellschaftlichen Wandel, o.O., 2001, Datum Zugriff: 08.12.05

Internet 2: http://www.paed.unizh.ch/pp1/follow-up/ziele.html : Wissenschaftliche Ziele der Folgestudie „Lebensverläufe von der späten Kindheit ins frühe Erwachsenenalter (LIFE)", o.O., o.D., Datum Zugriff: 08.12.05

Internet 3: http://arbeitsblaetter.stangl-taller.at : Stangl, W.: Entwicklungsaufgaben im Jugendalter, o.O., o.D., Datum Zugriff: 08.12.05

Internet 4: http://gew-berlin.de/blz/123.hzm : blz: Peer-Helper, Berlin, 1999, Datum Zugriff: 08.12.05

Einzelbände

Stephanie Scheck: Das Stufenmodell von Erik H. Erikson

978-3-638-72714-3

Tanja Wohlberedt: Die Entwicklung der Identität

978-3-638-67278-8

Sandra Ruppe: Erik H. Erikson - Die menschliche Stärke und der Zyklus der Generationen

978-3-638-80744-9

Anja Schumacher Antonijevic: Die Bedeutung von Gruppen in den verschiedenen Lebensphasen. In Anlehnung an die Theorie von E. H. Erikson

978-3-638-66008-2